KB210171

왕초보 경전박사 되다

계환스님 지음

민족사

왕초보 경전박사 되다

책머리에

　우리의 몸을 살찌게 하는 것이 음식이라면, 우리의 마음을 살찌게 하는 것은 책이라고 할 수 있습니다. 특히 우리 불자들의 경우에는 경전이 바로 여기에 해당할 것입니다.

　그런데 타 종교의 성전들은 한두 권인데 비하여 불교의 경전은 '팔만사천법문(八萬四千法門)'이라는 말이 대변해 주고 있듯이 엄청난 분량임에 틀림이 없습니다. 그 이유로는 마치 의사가 환자의 병세에 따라 약을 처방해 주듯이 우리 부처님께서 중생들의 근기와 이해 정도를 살펴서 설법해 주셨기 때문입니다.

세계에는 여러 나라가 존립하고 있고 많은 민족들이 공존하고 있습니다. 그리고 그들이 믿는 종교 또한 다양한 성격을 띠고 있기 때문에 타 종교를 이해하는 일이 바로 자신의 종교에 대한 이해일 것입니다. 그것은 마치 백전백승의 비결이 먼저 자신을 알고 적을 아는 데 있듯이 자신의 종교에 대한 이해 없이는 타 종교에 대한 이해는 불가능한 일이 됩니다.

비유하자면 나무의 한 부분에 불과한 나뭇가지 하나만을 붙들고 그것이 나무 전체인 것처럼 고집해서는 안 될 것입니다.

불교가 어렵다고 호소하는 사람들은 시중의 수많은 불교서적이 전문적 용어의 사용과 불교지식의 과시 그리고 학문의 현시적인 태도를 지적하고 있습니다. 바꿔 말하면 언제까지 일반 대중들의 목마른 갈구와는 상관없이 한정된 소수의 지식인을 위한 '현학적인 글쓰기'에 만족하고 있다고 지적하는 아픈 충고가 아닐

왕초보, 경전박사 되다

수 없습니다.

그래서 초심자들을 위하여 조금이라도 도움이 되고자 그들의 입장을 감안하여 되도록 평이한 문체와 일반적인 용어로 자주 읽히는 경전을 설명하고자 하였습니다. 그러나 명화(名畵)의 마지막 장면처럼 가슴을 뭉클하게 하는 그런 명문(名文)은 기대하지 말라고 부탁드리고 싶습니다. 다만 멀리서 은은하게 들려오는 범종 소리처럼 사색을 도와 주는 불교경전의 지침서가 되었으면 하는 바람입니다.

지난 2000년에 출판했던 졸저《경전산책》을 이번에 《왕초보, 경전박사 되다》로 재구성해서 새롭게 만들어 준 도서출판 민족사에 감사를 드립니다.

2008년 초봄 저자 합장

차례

경전은 어떻게 이루어졌을까?

1. 초기경전의 성립

부처님의 가르침을 전하고 있는 경전들이 언제, 어디서, 어떠한 연유로 만들어졌는가는 모두가 궁금해하는 문제일 것입니다. 세계 4대종교의 교조 중에 그 어느 교조도 자신이 직접 써서 남긴 글이나 저서는 없습니다. 다만 그 분들의 위대한 가르침과 정신을 후대의 제자들이 정리하고 다듬어서 하나의 경전으로 이루어진 것입니다. 불교의 경전도 여기에서 예외는 아닙니다. 또한 오늘날 우리들이 독송하거나 연구하고 있는 수많은 경전들도 한꺼번에 만들어진 것은 아닙니다. 경전이 성립되기까지는 여러 차례의 경전 편집회의, 즉 결집(結集)을 거쳐서 정리되고 정비된 것입니다. 그간의 사정을 잠시 살펴보기로 하지요.

부처님의 입멸(入滅) 소식을 전해 들은 가섭존자는 부처님이 입멸하신 쿠시나가라로 향해가고 있었습니다. 그는 지나가는 길목에서 부처님의 입멸 소식을 듣고 슬픔에 빠져 있는 수많은 수행자들과 만나게 됩니다. 그러나 그는 그들을 달랠 겨를도 없이 길을 재촉하여 가고 있을 때, 한 사람의 수행자가 소리를 쳤습니다.

"아! 기쁜 일이로다. 우리들에게 사사건건 잔소리만 하던 석존이 이 세상을 떠났다니 이보다 더 기쁜 일이 어디 있는가. 그런데 그대들은 무엇을 그리 슬퍼한단 말인가?"

이 어이없는 말을 들은 가섭존자의 충격은 이루 말할 수가 없었습니다.

'지금도 이러한 사람들이 있는데 하물며 후대에 이르러 부처님의 가르침을 전해 듣는 사람들은 얼마나 부처님 가르침을 왜곡할 것인가?'

생각이 여기에 미치자 가섭존자는 하루빨리 정법을 정리해

　　　　　　　　　　　왕초보, 경전박사 되다

두지 않으면 안 되겠다는 결심을 하게 되었습니다.

　그래서 부처님의 다비식이 끝난 직후, 왕사성 교외에 있는 칠엽굴에서 오백 명의 아라한 제자들이 모여서 첫 경전 편집회의를 열게 되었습니다. 이를 '왕사성결집(王舍城結集)' 또는 '오백집법(五百集法)'이라고 합니다. 그때 가섭존자가 회의를 주재하였고, 경전 즉 부처님의 가르침은 부처님 말씀을 가장 많이 들었던 다문제일(多聞第一)의 아난존자가, 계율 즉 교단의 규칙은 계율을 잘 지켰던 지계제일(持戒第一)의 우바리존자가 암송하였는데 오백 명의 대중들은 그것을 듣고서 부처님의 설법과 조금도 다름이 없음을 증명하고서 다 함께 합송하였습니다.

　그때 아난존자는 "이와 같이 나는 들었습니다(如是我聞)."라고 전제하면서 자신이 들었던 부처님 말씀을 그대로 암송하였기 때문에 모든 경전의 첫머리에는 반드시 "여시아문(如是我聞)"이라는 말이 생기게 되었습니다.

　두 번째 경전편집회의는 부처님이 돌아가시고 난 백 년 후, 바이샬리에서 칠백 명의 아라한 제자들이 모여서 회의를 하였는데 이를 '칠백집법(七百集法)'이라고 합니다. 이로 인해 교단이 상좌부(上座部)와 대중부(大衆部)로 나누어지는 근본분열의 계기가 되었지요. 왜냐하면 밧지족 비구들이 어느 한도 내에서는 계율에 융통성을 요구하였기 때문입니다. 그 요구가 열 가지였으므로 '십사(十事)'라고 하고 이에 대해 엄격했던 보수파는 밧지족 비구들에 대해서 비법(非法)으로 판결하였기 때문에 '십사의 비법(十事非法)'이라고 부르고 있습니다. 예를 들면 우기에 탁발을 나가지 못하는 날을 대비해서 소금을 조금 비축해 두는 것을 허용하자는 것이 그것입니다.

그런데 출전에 따라서는 대천(大天 : Mahādeva) 비구가 주장한 오사(五事)를 장로 비구들이 '망어(妄語)'로 규정하였는데 이 '오사의 망어'로 인해 교단이 분열되었다고도 합니다. 예를 들면 아라한에게도 세간적 의문이 있다고 하는 등이 그것인데, 앞서의 '십사'가 계율을 문제삼은 것이라면 '오사'는 사상적인 문제라고 할 수 있습니다.

세 번째 경전편집회의는 부처님이 돌아가시고 난 2백 년 후, 아소카(Aśoka)왕이 치세하던 시대 화씨성(華氏城)에서 일천 명의 비구들이 모여서 경율론을 집대성하였는데, 이를 '화씨성결집' 또는 '일천집법(一千集法)'이라고 합니다. 바로 이 세 번째 회의에서 비로소 경전이 문자화되었

왕초보, 경전박사 되다

다고 전해지고 있습니다. 그러나 그때의 경전은 지금처럼 종이에 쓴 것이 아니라 종려나무과에 속하는 다라(Tāla)나 뭇잎을 사용하였답니다. 이 다라나뭇잎을 패엽(貝葉)이라고 부르기 때문에 이를 이용해 기록한 경전을 '패엽경'이라고 부르게 되었습니다.

그리고 네 번째 회의는 카니슈카(Kaniṣka)왕 시대에 협존자(脇尊者)와 세우(世友)가 중심이 되어 오백 명의 비구가 모여서 삼장에 해석을 붙이는 회의를 하였습니다. 그때 바로 《대비바사론》이 성립되었다고 하지만 남방불교국에서는 삼장의 주석에 관한 결집이었다는 이유로 이 네 번째 결집을 인정하지 않고 있습니다.

이와 같이 경전편집회의는 인도에서만 네 차례 행해졌고, 그 후 미얀마에서 제5차 · 제6차 결집이 행해졌다고 합니다.

아무튼 이와 같은 결집이 행해졌던 결과로 오늘날 우리들이 볼 수 있는 삼장과 《대장경》이 탄생하게 된 것입니다.

그럼 이러한 결집은 어떤 언어와 문자를 사용하여 이루어진 것일까요?

고대 인도의 표준어인 산스크리트(Sanskrit)로 설법해 주실 것을 요청한 한 제자에게 "나의 가르침은 각 지방의 민중어로 설해야 한다."라고 하신 부처님의 말씀에서 당시 언어의 종류가 상당히 많았음을 알 수 있습니다.

부처님께서는 마가다 지방의 옛 방언을 주로 사용하셨으나 당시 교단에서는 여러 종류의 언어가 사용된 듯합니다. 서인도의 불교교단에서는 그 지방의 언어 및 마가다어에 기초하여 성전용어가 성립되기 시작하였으며, 기원전 3세기 무렵에는 오늘날 팔리어의 형태를 갖추게 되었다고 합니다. 그리하여 초기경전들은 이 언어를 통하여 스리랑카에 전해졌기 때문에 남방불교의 경율론 삼장은 팔리어로 되어 있습니다.

한편 기원전 3세기에서 기원전 2세기에 걸쳐 설일체유부(說一切有部) 등의 교단이 간다라 지방에 정착하였는데 그들은 비교적 초기부터 산스크리트어로 불법을 전수하였고, 그 후에도 그 언어로 경전을 기록하게 되었지요. 그래서 대승경전들은 대부분 산스크리트어로 되어 있습니다.

그리하여 기원후 1세기 중엽부터 중국에 전해지게 된 대 · 소승경전들은 한문으로 번역되기 시작하여 오늘날의 한역대장경(漢譯大藏經)이 성립된 것입니다.

⚙ 2. 대승경전의 성립

학문적 논의라기보다 단순히 대·소승이라는 대항의식에서 비롯되었던 인도에서의 대승비불설(大乘非佛說 : 대승불교 경전은 부처님께서 설한 말씀이 아니다) 논쟁이 18세기 중엽 일본에서 갑자기 고개를 들기 시작한 적이 있었습니다.

비불설(非佛說)이라 할 때의 불설을 직설로 볼 것인가, 진설로 볼 것인가에 따라 현격한 차이가 나는데, 즉 전자의 경우는 부처님이 직접 설하신 것이 아니라는 의미가 되고, 후자는 부처님의 진짜 말씀이 아니라는 뜻이 되어 버립니다. 결국 논쟁은 '직설이 아니라'는 의미일 뿐 '진설임에 틀림이 없다'라는 선에서 매듭지어졌습니다.

대승경전은 석가모니 부처님의 직설이 아니라는 의견, 이것은 역사적으로 보면 당연한 일이지요. 대승경전이 만들어진 것은 석가모니 부처님의 입멸 후 수세기가 지난 뒤의 일이기 때문에 대승경전이 불설일 까닭이 없는 것입니다.

그렇다면 대승경전을 어떻게 이해해야 할 것인가? 이것이 문제의 핵심입니다. 비록 부처님의 입멸 후에 만들어진 것이라 해도 대승경전의 성립은 역사의 발전에 따라 소승불교가 지닌 한계성을 극복하고 이루어진 것으로 그 당위성과 역사성을 지니고 있습니다.

불교는 기원전 5세기경에 성립되었지만 그 후 여러 세기를 거치면서 교리적으로 지극히 복잡해지고 난해한 것이 되었으며 일부의 수행자들은 고도의 이론 연구에만 몰두하게 되었습니다. 그러나 한편에서는 불교신자의 수가 증가되고 불교의 대중화가 이루어져 가고 있었습니다. 일반 신자들에게는 번쇄한 교학 연구에 몰두하는 교학승이나 엄격한 계율 중심적인 보수파는 이기적인 집단으로 생각되었던 것입니다. 그렇기 때문에 대중을 위한 불교의 출현이 요청되었고, 그것이 결국은 대승불교의 성립을 가져오게 되었던 것입니다.

다시 말하면 불교는 일부 출가수행자들만의 것일 수는 없으며 수많은 사람 즉 일체 중생 모두가 제도되어야 한다는 것이 대승불교도의 주장이었습니다. 그들은 전통적인 교설과 자신의 수행만을 준수하고 있던 보수파를 '소승(Hīnayāna)'이라고 불렀고, 종래의 전통적인 불교는 자질이 뛰어난 소수의 수행자들이 자신의 해탈만을 목적으로 하기 때문에 중생제도에는 관심이 없다고 비판하였습니다.

따라서 진보적인 사람들은 그와 같은 이기적인 수행자를 '성문(聲聞)'이라든가 '연각(緣覺)'이라고 불렀습니다. 성문이란 원래 석존의 음성을 직접 들은 직제자를 지칭하는 말이었는데 대승의 입장에서는 아라한이 될 것을 이상으로 삼는 수행자를 폄하하는 명칭으로 사용하였고, 연각이란 '독각(獨覺)' 또는 '벽지불(辟支佛)'이라고도 하는데, 스승이 없이도 혼자서 깨달음을 여는 사람을 가리키고 있습니다. 이들은 깨달음을 얻었어도 그것을 다른 사람에게 설하려 하지 않는 사람이므로 역시 이기적이고 독선적인 사람에 대한 폄칭으로 사용된 것입니다. 즉 '성문승' '연각승'이라고 하면 주로 소승을 지칭하는 말이 되었습니다.

　이에 비하여 혁신적이고 진보적인 사람들은 모든 사람이 다 부처가 될 수 있는 소질을 갖추고 있다고 생각하고 출가·재가의 구별이 없이 누구든지 자신의 수행 여하에 따라 부처님과 똑같은 깨달음을 얻을 수 있다고 하는 자신들의 입장을 '대승(mahāyāna)'이라고 주장하였습니다. 그리고 이러한 입장을 자각하는 사람을 '보살'이라고 부르고, 그런 보살들은 동시에 다른 사람들도 보살로서 깨달음을 열도록 하겠다는 소원을 갖고 있기 때문에 대승은 '보살승'이라고 불렀던 것입니다.

다시 말하면 대승불교는 부처님의 근본정신을 행하지 않는 이들에게 '불타에게로 돌아가라' '참다운 부처님 정신으로 돌아가자'라고 외치는 운동인 셈입니다.

그러나 대승불교의 출현으로 인하여 이른바 '소승불교'가 쇠퇴한 것은 아닙니다. 전통을 지키는 소승은 의연히 사회적으로 강한 세력을 지니고 오히려 대승보다 훨씬 우세하였습니다. 누가 뭐라 해도 그들은 부처님 이래의 불교전통을 자신들이 잇고 있다는 강한 자부심의 정통파인 반면, 초기의 대승불교도의 최대 약점은 자신들의 입장을 전면적으로 정당화하는 경전을 갖지 못한 점이었습니다. 그래서 그들은 서둘러 대승경전을 만들어야 하는 난관에 부딪혔는데, 보다 중요한 문제는 이들 대승경전이 모두 불설이 아니면 안 된다는 점이었습니다.

어떻게 하면 이러한 난제를 해결할 것인가? 더구나 부처님이 입멸하신 지 벌써 수백 년이 지났는데 말입니다.

그런데 대승보살들 중에는 경이적인 시적 영감을 가진 사람들이 많았는데 그들은 말할 것도 없이 불교적인 기본교리에도 정통하고 또한 요가의 실천가로서도 초인적인 능력을 지닌 이들이었습니다. 그들은 종종 요가의 실천수행을 통해서 선정에 들었고, 선정 속에서 부처님과 대면하여 부처님의 교설을 직접 듣게 되었던 것입니다. 말하자면 부처님의 계시를 받은 것입니다. 그래서 선정에서 깨어난 대승보살들은 그 가르침을 완전하게 구술하였고, 주위에 모여 있는 사람들은 그 한 마디 한 마디를 듣고서 모두 암송하였습니다. 가르침을 구술하는 사람도 듣는 사람도 그것이 불설이라는 사실을 조금도 믿어 의심치 않았음은 물론입니다. 몇 번씩 같은 문구가 되풀이되기도 하고 논리적으로 앞뒤가 맞지 않는 곳도 발생하였지만 모두가 불설이기 때문에 그대로 암송하였던 것입니다. 초기의 대승경전은 이렇게 해서 성립된 것입니다.

다시 말하면 대승보살들이 선정 속에서 부처님을 만나고 청문(聽聞)한 교설이자 깊은 종교적 체험에서 이루어진 경전은 상식적인 것이었으며, 세속적인 의미에서 부처님의 직설은 아니지만 부처님의 진설 그 자체였던 것입니다.

이리하여 최초의 대승경전이 성립되었고, 그 후 대승보살들은 이전에 성립된 대승경전을 암송하여 더욱더 그 시적·문학적 이미지를 풍부한 것으로 만들어가기도 하고,

경전을 서사하는 과정에서 맥락이 맞지 않는 대목을 고쳐서 편집하기도 하고, 부족한 부분을 보충하기도 삭제하기도 하였던 것입니다.

비록 대승경전이 전승되면서 변화가 있었다고 하더라도 불설의 본질은 결코 달라진 것이 아니며 원래의 소박하였던 원형이 복잡한 형식으로 윤색되고 부가되었을 뿐입니다. 즉 형식상의 상위(相違)는 있을지언정 그 내용이나 정신의 위배는 있을 수 없다는 뜻입니다.

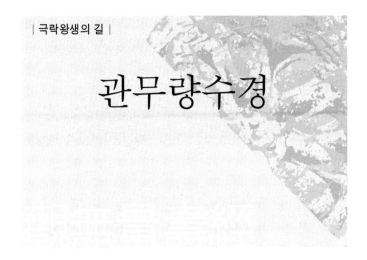

관무량수경

'눈물은 슬픔을 정화시키는 소리 없는 말'이라고 합니다. 즉 슬프기 때문이 아니라 그 슬픔을 해소하기 위해 눈물이 난다는 것입니다. 그처럼 어쩌면 우리 사회의 많은 재난도 그런 무언가의 반작용에 의해 일어나는 것이 아닌지 모르겠습니다.

실은 자신을 슬프게 하고 눈물짓게 하는 모든 고통의 원인은 멀리 있는 것이 아니라 바로 자기 자신에게 있음을 모르는 데서 우리의 비극이 싹트는 것은 아닐까 싶습니다.

대승경전 가운데 《관무량수경》의 내용도 비극적인 사건

을 배경으로 하여 설하고 있습니다. 인간의 한없는 욕심이 초래하는 결과가 무서운 것은 예나 지금이나 변함이 없는 듯합니다.

《관무량수경》은《무량수경》《아미타경》과 함께 '정토삼부경' 이라 불리고 있고, 약칭으로《관경》이라고 부르기도 합니다.

범본과 티베트본은 산실되어 버리고, 오직 5세기에 강량야사가 번역한 한역본만이 현존하기 때문에 그 성립시기를 정확히 알 수는 없습니다. 그러나 '정토삼부경' 중에서 가장 발전된 사상을 보이고 있다는 점으로 미루어 볼 때 대략 4세기경에 성립된 것으로 추정하고 있습니다.

경명에서도 알 수 있듯이 이 경전은 극락정토의 장엄함과 그곳에 주재하시는 무량수불과 좌우에서 보좌하는 관세음보살과 대세지보살을 생각하는 내용으로 구성되어 있습니다. 여기서 '생각한다' 는 말에는 두 가지 뜻이 있는데 하나는 극락정토를 머리 속에 떠올리는 관견(觀見)이요, 다른 하나는 무량수불 즉 아미타불에 귀의하여 구원을 받는 타력신앙의 관지(觀知)를 의미합니다.

그런데 경전의 내용을 보면 이러한 사상은 매우 비극적

왕초보, 경전박사 되다

인 사건을 배경으로 펼치고 있는데 바로 '왕사성의 비극'이라고 하는 내용이 그것입니다. 좀더 구체적으로 소개해 보겠습니다.

부처님께서 기사굴산에 계실 때의 일이었습니다. 왕사성의 빔비사라왕과 왕비 위제희는 늘 슬하에 자식이 없는 것을 근심하였습니다. 그러던 중 어느 날 예언자를 불러 물어 보았더니, 숲 속에 살고 있는 선인이 3년 후에 죽으면 왕자로 환생하게 된다는 것입니다. 그러자 그들은 3년을 참지 못하고 선인을 죽여버렸습니다. 그로부터 왕비는 곧 임신을 하였고 출산할 달이 다가오자 왕은 또다시 예언자에게 태아의 장래를 물어봅니다. 그러자 태중의 아기가 왕자임에는 틀림없지만 부모에게 말도 못할 증오심을 품고 있다는 겁니다. 왕과 왕비는 선인을 죽였던 일이 생각나고 마침내 공포에 사로잡혀서 태어나는 즉시 아기를 죽여버리려고 했습니다.

그러나 핏덩이 아기는 새끼손가락 하나만을 잃었을 뿐, 시녀들의 도움으로 무럭무럭 자라고 있었습니다. 그런데 이러한 사실이 왕과 왕비에게 알려졌습니다. 왕과 왕비도 귀여운 아들을 보는 순간 금세 부모의 정이 되살아나 아들에게 '아사세'란 이름을 지어 주고 태자로서 양육하게 됩니다.

그러나 성장하는 과정에서 자신을 죽이려 했다는 출생의 비밀을 알게 되자, 태자 아사세는 격렬한 복수심을 가지게 되고 거기에다 '제바달다'의 충동질로 인해 부자상극의 비극이 일어나게 됩니다. 아사세는 아버지를 유폐시키고 옥을 지키는 경비병 외에는 일체의 출입을 금지시켰지만 어머니만 하루에 한 번씩 면회할 수 있도록 허락하였지요.

그러자 면회 때마다 왕비는 깨끗하게 목욕을 한 다음 밀가루와 꿀로 버무린 음식물을 온몸에 바르고 가서 왕에게 먹게 하였는데 어느 날 탄로가 납니다. 화가 난 아사세는 아버지를 굶겨서 끝내 스스로 자신의 살을 베어 먹다 죽게 하고 어머니마저 옥에 가두어 버립니다. 비로소 어머니는 업보의 무서움에 몸서리를 치고 후회를 하게 됩니다.

원래 후회란 항상 '느림보'여서 언제나 모든 일의 제일 끝에 나타납니다. 그래서 기쁨이 후회를 만나면 그 기쁨은 끝이 난 것이고, 슬픔이 후회를 만나면 그 슬픔 또한 끝이 나기 마련입니다.

한편 아사세는 부친을 살해한 후에 창독이 올라 죽게 되

왕초보, 경전박사 되다

었을 때 부처님을 만나 자비로 구제를 받게 되는 내용입니다. 다시 말하면 이 경전에서는 범부 왕생의 십육관법을 통해서 악인도 구제받을 수 있다는 것을 강조하고 있습니다. 왜냐하면 악한 사람에게도 불성은 있고 또한 그들이 누구보다도 먼저 구제받아야 할 사람이라는 것이 미타신앙의 핵심이기 때문입니다.

관음경

"사흘 닦은 마음은 천 년의 보배와 같고, 백 년 동안 탐한 재물은 하루 아침의 이슬과 같다."

우리가 닦아야 할 모든 선행 공덕은 남이 닦아 주는 것이 아니라 스스로 닦아야 하고 또한 스스로 실천해야 합니다. 그것은 올바른 믿음 속에 크나큰 공덕이 들어 있기 때문입니다.

사실 믿음이란 얼마나 큰 힘을 가지고 있는지 한 가지 예를 들어 보겠습니다.

하체를 못 쓰는 어머니가 보모를 두고서 아기를 키우고

있었습니다. 그런데 어느 날 보모가 잠시 한눈을 파는 사이에 아기가 엉금엉금 기어서 베란다 난간에 매달려 떨어지기 일보 직전에 있는 것을 불구자인 아기의 어머니가 보게 되었습니다. 그 순간 휠체어에 앉아 있던 아기의 어머니가 벌떡 일어나 아기를 들어다가 방바닥에 내려놓고는 그 자리에 쓰러졌다고 합니다.

원래 다리가 불구였기 때문에 더 이상 서 있을 수가 없었던 것이지요. 그러나 아기를 구하겠다는 일념(一念)은 그리도 강한 힘을 발휘하게 하였던 겁니다. 이와 같이 일념이라면 이루지 못할 것이 없다고 설하는 경전이 바로 《관음경》입니다.

이 경전의 갖춘 경명이 《묘법연화경관세음보살보문품(妙法蓮華經觀世音菩薩普門品)》인 점에서도 알 수 있듯이 《관음경》은 실은 《묘법연화경》의 제25품에 해당하는 경전이지만 일찍부터 단독 경전으로 유통되고 있었습니다. 또한 모든 대·소승경전의 첫머리가 육성취(六成就)의 하나인 '여시아문(如是我聞)'으로 시작되고 있는 데 비하여 《관음경》에서는 처음부터 무진의보살이 일어나 부처님께 '관세음보살'은 어떤 이유로 그렇게 불리는가를 여쭙는 대목으로부터 시작하고 있는 점에서 보더라도 이 경전이 완본(完本)이 아니라는 것을 알 수 있습니다.

그래서 위와 같은 질문을 받으신 부처님께서는 관세음보살이라 불리게 된 이유를 자세히 설해 주시는데 바로 이 문답이 《관음경》의 내용입니다.

그리고 경명의 '관세음보살'은 범어로 아바로키테스바라(Avalokiteśvara)를 번역한 것인데, 여기에는 자리적인 수행과 이타적인 전법의 두 가지 뜻이 담겨 있습니다. 그래서 현장스님은 자리 수행에다 비중을 두고서 '관자재보살'이라 번역을 하였고, 구마라집은 이타행 즉 중생교화의 입장에 비중을 두었기 때문에 '관세음보살'이라는 각기 다른 명칭으로 번역하였던 것입니다.

한편 축법호스님은 《정법화경(正法華經)》에서 '광세음보살(光世音菩薩)'이라고 번역하기도 하였습니다만, 오늘날 《반야심경》을 독송할 때를 제외하고는 주로 '관세음보살'의 명호를 부르고 있습니다.

흔히 관세음보살을 '보문시현(普門示現)'이라고 하는데, '보문'이란 누구나 할 것 없이 자유롭게 드나들 수 있는 넓은 문을 뜻합니다. 따라서 '보문시현(普門示現)'이란 어디에서나 한량없이 나투시는 관세음보살을 의미하는 것입니다.

이러한 의미를 가진 《관음경》의 구체적인 내용을 말씀드리면, 한량없이 많은 백천만억 중생들이 어떠한 어려움을 당하였을 때 일심으로 관세음보살을 염송하면 관세음보살은 그 즉시 그들을 고뇌에서 벗어나게 해 주신다는 것입니다. 그 때마다 장자·바라문·국왕·비구·비구니·동남·동녀 등 중생들의 고통에 상응하는 몸을 나투어서 제도한다고 합니다.

사실 우리들이 생활하다 보면 생각지도 않은 재난을 만나기도 하고 경제난에 허덕일 때도 있으며 때로는 한없는 욕망 때문에 갈등을 일으키기도 합니다. 이렇게 혼란한 사바세계에서 평안을 얻으려고 안간힘을 쓰고 있는 우리들에게 관세음보살은 항상 의지처가 되고, 우리가 난관에 부딪혔을 때 일념으로 관음보살의 명호를 부르면 천 개의 손, 천 개의 눈을 가진 관음보살이 곧 달려와서 구원해 준다는 것입니다.

무량한 백천만억 중생들이 어떠한 어려움을 당하더라도 일심으로 관세음보살을 부른다면 관세음보살은 그들의 음성을 다 알아 듣고 그 고뇌에서 풀려나게 한다는 것입니다.

가령 불에 들어가도 타지 않고, 바다에서 태풍을 만나더라도 난파당하지 않고, 처형당할 경우에도 칼이 부러지고, 수갑을 차더라도 수갑이 끊어지며, 도둑을 만나더라도 도둑이 침범하지 못한다고 하는 아주 구체적인 예시를 들고 있습니다.

이렇게 관세음보살은 무한한 몸을 나투어서 그에 상응한 중생들을 제도한다는 것입니다.

그러나 《관음경》은 이렇게 실제적인 '현세이익'을 설하면서도 결국에는 무소득(無所得)의 대승불교사상에 젖어들게끔 인도하고 있습니다. 다시 말하면 중생들을 현세이익이라는 소박한 희망으로부터 무소득의 대승경지까지 친절하게 이끌어 줌으로써 불교가 지향하는 이상의 목적지에 누구나 할 것 없이 쉽게 찾아갈 수 있도록 설해져 있다는 뜻입니다.

그리하여 관음보살이야말로 실은 우리들의 잡다한 번뇌 속에 묻혀 있는 존엄한 인간성, 즉 '또 하나의 자기'라는 것을 발견하도록 해 주고 있습니다. 더 나아가서는 독송하는 '내 자신이 바로 관음보살'이라고 자각하게끔 알려 주

왕초보, 경전박사 되다

는 것이《관음경》입니다.

　그런 의미에서《반야심경》이《대반야경》의 진수이듯이
《관음경》또한《법화경》의 정수라고 할 수 있습니다.

| 집착을 끊다 |

금강경

金剛經

　우리가 평소 독송하는 경전 가운데 가장 많이 독송하는 경전을 소개하라면 그 경전은 단연코 《금강경》일 것입니다. 자신의 기도를 위해서도 독송을 하겠지만 특히 누군가를 마지막 보내는 의식에서는 으레 《금강경》이 독경되기 마련이지요.

　즉 망자가 생전에 세속사에 쫓기어 미처 불법수행을 다하지 못하였기 때문에 행여나 삼악도에 떨어질까 염려하여 남은 사람들이 마지막 가는 길에 부처님 말씀을 들려준다는 의미가 담겨 있습니다. 이제는 더 이상 재물이나 권력 그리고 육신에 집착하지 말고 완전히 자유로워지라는 뜻에서 말입니다.

《금강경》은 사물의 실상을 바르게 알고, 집착을 끊으라고 설법하신 경전입니다. 그러나 이 말은 생에 대한 의욕을 상실하라는 뜻이 아니라 집착이라는 굴레에서 벗어나 좀더 자유롭게 살라는 적극적인 삶의 방향을 제시한 가르침입니다. 이러한 가르침이 바로 '공사상'입니다. 공사상이란 진실한 삶의 가치에 눈 뜰 수 있도록 일깨워 주려고 한 가르침인데, 도리어 '모든 게 헛된 것(공)이로구나' 하고 거기에 집착해 버리면 이 또한 공병(空病)이 되어버리고 맙니다. 그것은 마치 병을 고치기 위해 사용한 약이 부작용을 일으켜 또 다른 병을 유발하는 것과 같다고나 할까요.

이러한 공사상을 설명하고 있는《금강경》은 범본과 티베트본, 그리고 몇 가지의 한역본이 모두 현존하고 있으나 우리들이 주로 독송하고 있는 것은 구마라집이 번역한《금강반야바라밀경》으로서 제일 먼저 역출된 경전이기도 하지만 구마라집의 번역문장이 너무나도 수려하고 유창하기 때문입니다.

그런데《금강경》은 철저히 공사상을 드러내고 있으면서

단 한 번도 공이라는 말을 사용하지 않는 게 특징입니다. 다만 역설적인 부정의 논리를 마음껏 구사하여 공사상을 환한 보름달처럼 드러내 보이고 있을 뿐입니다.

이처럼 공이란 단어도 대·소승이라는 단어도 구사하지 않았기 때문에 《금강경》의 성립연대를 대승불교 초기, 즉 아직 공이라는 말이 반야사상의 핵심으로 정착되기 이전이라고 보는 견해가 있는가 하면, 반야경전류가 완전히 성립된 후 의도적으로 그런 단어들을 빼고 축약해서 편집된 것으로 보는 의견도 있습니다. 그 성립연대는 어떻든간에 《금강경》은 널리 독송되고 있으며, 특히 육조 혜능대사는 바로 이 《금강경》의 한 구절을 듣고 발심 출가하였다고 전해지고 있습니다.

또한 달마대사 이래 홍인대사까지는 《능가경》이 전법되어 왔지만, 홍인대사가 혜능스님에게 《금강경》을 전법함으로써 선종의 흐름이 크게 바뀌게 되었습니다. 이후 중국 선승들의 어록에 《금강경》의 경구가 끊임없이 인용되고 있는 것만 보더라도 선종에서의 비중을 짐작할 수 있습니다.

그러면 먼저 이 '금강(金剛)'이라는 말의 뜻풀이를 해 보겠습니다. 금강이란 모든 광물 가운데 가장 굳센 돌로 깨뜨리지 못하는 것이 없다고 합니다. 그래서 금강은 두 가지로 비유되고 있는데 하나는 '금강석(金剛石)' 소위 다이아몬드라고 하는 것이고, 또 하나는 '금강저(金剛杵)'라는 것입니다.

먼저 금강석은 원래 투명한 무색이지만 햇볕을 받으면 여러 가지 색으로 나타나지요. 이때 청색은 능히 재액을 소멸하는 것이 마치 반야가 업장을 소멸시키는 것과 같고, 황색은 반야의 무루(無漏)한 공덕에 비유되며, 적색은 지혜의 불꽃에, 백색은 능히 탁한 물을 깨끗이 정화하는 뜻에, 투명한 공색(空色)은 진공(眞空)의 이치에, 벽색(碧色)은 모든 독을 없애는 것이 마치 반야가 삼독을 제거하는 것과 같음에 비유되고 있습니다.

그리고 금강저는 제석천과 금강역사(金剛力士)가 지니고 다니는 일종의 무기로 법계를 나타내는 표상인데 일설에 의하면 금강저는 우레와 천둥을 일으키게 하는 번개를 상징한 것이라고도 합니다.

이와 같이 이 두 가지는 모두 견고함과 날카로움의 상징으로 우리 인간들의 번뇌와 미혹한 마음의 뿌리를 능히 잘라낼 수 있는 지혜를 바로 이 금강에 비유하여 상징화한 것입니다. 그렇기 때문에 보리유지는 '능단(能斷)' 즉 '능히 끊는다'는 의미를 붙여서 《능단금강반야바라밀다경》이라고 번역하기도 하였습니다. 또한 600부 《대반야경》 가운데 가장 간결하고 핵심적인 내용이 삼백송(三百頌) 정도의 분량이기 때문에 일명 《삼백송반야경》이라고도 합니다.

이와 같이 '일체의 모든 번뇌를 완전히 끊어 없애는 지혜의 경전'이라는 것이 바로 《금강경》이 지니는 경명이고 또한 이 경전의 대의이기도 합니다.

다시 말하면 《금강경》은 600부 《대반야경》과 같이 방대하지도 않고, 260자(字)로 된 《반야심경》처럼 짧지도 않으면서 시종일관 공사상을 드러내고 있기 때문에 인도의 무착·세친과 같은 논사를 비롯하여 중국·한국·일본 등의 수많은 고승들이 저술한 주석서만 하여도 수백 종이나 됩니다. 이는 바로 이 경전이 얼마나 많은 대중들에게 독송되고 있었는가를 입증하는 것이기도 합니다.

그뿐 아니라 1836년 유럽에 소개된 이후 독어·영어·불어로 출판이 되었고 드디어는 범본과 티베트본 및 한역본을 대조 연구하는 등 《금강경》에 대한 관심이 대단한 것으로 알려지고 있습니다.

그러면 경전의 구성과 구체적인 내용을 살펴보겠습니다.

《금강경》의 주석서를 남기고 있는 세친은 《금강경》의 종지(宗旨)는 의심을 끊는 데 있다고 보고 그 의심의 단계를 27단(段)이라 하였고, 무착은 공덕을 이루는 데 경의 종지가 있다고 보고 그 공덕을 이루는 과정을 18단계로 나누고 있습니다. 한편 중국의 소명태자는 《금강경》을 매우 좋아하여 매일 일과처럼 독송하였는데 내용에 따라 경을 총 32분(分)으로 분류하고 있습니다.

또한 통설에 의하면 《금강경》은 묵문현답(默問顯答)이라고 하여 질문한 대목은 숨어 있고 대답한 부분만 드러나 있다고 하는데, 경문에는 도합 여섯 차례의 물음이 나오고 있습니다.

그리고 《금강경》에는 유명한 사구게가 몇 편씩이나 들어 있습니다. 사구게란 짤막한 게송으로서 부처님의 가르침을 압축하여 표현한 시구인데 다른 경전에서도 나오고 있으나 특히 《금강경》의 사구게는 옛날부터 널리 알려져 애송되고 있습니다.

그 가운데서 《금강경》의 대의로 알려진 '범소유상(凡所有相) 개시허망(皆是虛妄) 약견제상비상(若見諸相非相) 즉 견여래(卽見如來)'의 뜻을 풀어 보도록 하겠습니다.

　무릇 형상이 있는 모든 모습은 다 허망한 것이다.
　만약 사물의 겉모습을 보고 그것이 참된 모습이 아닌
줄 알면,
　곧바로 여래를 볼 수 있을 것이다.

　그러나 이 말을 인정하고 받아들이기란 그리 쉬운 일은
아닙니다. 왜냐하면 가령 세상사가 허망하다는 것을 모르
는 사람들은 없으나 그것을 자기 자신의 일로서 실감하고
받아들이는 사람은 거의 없기 때문이지요. 입으로는 하루
빨리 죽어야 한다고 말하던 사람도 막상 회복이 불가능한
중병에 걸리면 삶에 대한 집착이 되살아납니다. 그래서 가
능하다면 한 오백 년이 아니라 오천 년이라도 살고 싶은 게
인간의 욕망입니다.

　그런데 하물며 내 눈앞에 전개되고 있는 모든 사물들을
헛된 것으로 보라고 하니까 더욱 실감이 가지 않는 것입니
다. 아니 이치로는 납득이 가면서도 뼈저리게 느끼지 못하
기 때문에 감동이 없고, 남의 일로만 생각되는 것입니다.

그러나 허망하고 헛되다고 하는 것은 세상을 허무로 보라는 의미가 아니라 영원성에 집착하려고 하는 것을 경계하라는 가르침일 뿐입니다.

사실 《금강경》에는 좋은 구절들이 너무나 많아서 어느 것 하나 감동스럽지 않은 것이 없습니다. 예를 들면 저 유명한 과거의 마음, 현재의 마음, 미래의 마음도 얻을 수 없다고 하는 소위 삼세심불가득(三世心不可得)을 비롯해서, 부처님께서 당신의 가르침까지도 뗏목에다 비유하여 뗏목은 강을 건너기 위한 수단일 뿐 그것이 목적이 아니라고 설하시는 뗏목의 비유도 있습니다. 사람을 실어다 저 언덕에 내려놓으면 뗏목의 역할은 다한 것인데 강을 건너고 나서도 그 뗏목을 짊어지고 다닌다면 참으로 어리석은 사람일 것입니다.

그리고 6조 혜능대사의 출가와 관련이 있는 게송도 유명합니다. '응무소주이생기심(應無所住而生其心)' 즉 '머무는 바 없이 그 마음을 내라'고 하신 말씀입니다. 즉 모든 것이 공하기 때문에 집착할 필요가 없고, 또한 집착하지 않은 마음의 상태에서 마음을 작용하라는 것입니다. 예를 들면 생색내는 마음 없이 베풀라고 하는 의미일 것입니다. 그래서 베풂에도 질적인 차이가 있을 수 있겠지만 가령 베풀고 난 뒤에 아까워하거나 베푼 만큼의 보상을 기대하는 심리는 이 가르침에 어긋나는 것이라 할 수 있겠습니다.

요컨대 《금강경》에서 우리가 찾을 수 있는 뜻은 허망한 외부세계에 대한 집착으로부터 자신의 마음을 지키라고 하는 것입니다. 바로 이 경전에서 수없이 반복되는 부정의 논리를 철저히 이해할 때 비로소 경전의 취지가 분명히 드러날 것입니다.

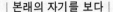

금강삼매경

　지성은 인간만이 가질 수 있는 귀중한 능력입니다. 그러나 인간의 마음이 오직 지성으로만 뭉쳐 있는 것은 아닙니다. 지성은 인간의 마음 속에 들어 있는 일부분의 능력에 불과할 뿐이지요. 그렇기 때문에 지성은 과학을 발달시킬 수는 있으나 인간으로 하여금 '본래의 자기'를 되찾게 해주는 데에는 별로 큰 역할을 하지 못합니다.

　그러나 우리가 세상을 살아가는 데 있어 가장 중요한 일은 무엇보다도 본래의 자기를 찾는 일일 것이고, 마음의 고요를 얻는 일은 바로 자기 자신의 정체성을 찾아 나서는 일입니다.

여기에 우리의 마음을 찾아가는 길을 인도해 줄 경전이 있는데, 바로《금강삼매경》입니다. 마음의 고요는 어떤 지식적인 매개체로 얻을 수 있는 것이 아니라 삼매에 들 때만 이 누릴 수 있다고 합니다. 이 삼매를 중심으로 설한 경전이 바로《금강삼매경》입니다.

《금강삼매경》은 7세기까지는 실역(失譯)으로 전해지다가 8세기 초에《개원록(開元錄)》이라는 경전목록에 "잃어버렸던 것을 찾아서 편집한다."라고 하여 현존본으로 기록함으로써 비로소 알려진 경전입니다. 따라서 가장 완벽한 경전목록이라고 할 수 있는《개원록》의 기록을 믿고 받아들이는 입장에서 보면《금강삼매경》의 성립시기를 7세기 전후로 추정하고 있습니다. 그 이유는《금강삼매경》에 남북조시대에서 수나라 무렵까지 중국에서 문제가 되었던 거의 모든 교리와 학설이 총망라되어 있을 뿐만 아니라, 구역(舊譯)시대 번역임에도 불구하고 제7식을 '말나식(末那識)'이라 하고 현장스님이 번역한《반야심경》에 나오는 '대신주(大神呪)' 등 신역(新譯) 용어를 사용하고 있기 때문입니다.

그뿐 아니라 《금강삼매경》은 선종에도 매우 큰 영향을 주었는데 그것은 삼매를 설한 심오한 경전이었으므로 충분히 짐작이 가는 일입니다. 그러나 이 경은 원효스님이 주석해 놓은 《금강삼매경론》이 없었다면 쉽사리 이해할 수 없을 만큼 압축된 문장과 간결한 어휘를 구사하고 있는 짧으면서도 어려운 경전입니다. 그 당시뿐만 아니라 오늘날에도 《금강삼매경》을 이해하는 데는 원효스님의 《금강삼매경론》이 지침서가 되고 있습니다.

그런 의미로 보면 《송고승전》에서 용왕이 이 경전의 흩어진 종이들을 묶어서 신라의 사신에게 주면서 이 흩어진 페이지를 순서대로 맞출 수 있는 이는 신라의 대안(大安)스님이고, 그것을 강의할 수 있는 이는 원효스님이 아니면 안 된다고 했다는 설화도 간과할 수 없는 이야기일 겁니다.

본론으로 돌아가 《금강삼매경》의 경명에서 '금강'이란 모든 광물 가운데 가장 굳센 돌로서 그 어떤 물건이든지 뚫고 깨뜨리지 못하는 것이 없다는 뜻으로 모든 의심을 다 쳐부순다는 의미가 있습니다. 그리고 '삼매'란 올바른 생각을 뜻하는데 정(定)에 들었을 때만이 바르게 생각하고 관찰할 수 있다는 것입니다.

이러한 의미에서 《금강삼매경》은 현대 사회의 혼란함을 치유할 수 있는 가르침을 담고 있다고 할 수 있습니다. 자신의 정체성과 마음의 고요를 얻지 못하면 정상적인 인간관계와 참된 나 자신에의 회귀는 이루어질 수가 없기 때문입니다. 이와 같이 우리 인간들의 번뇌와 미혹한 마음의 뿌리를 능히 잘라낼 수 있는 지혜를 바로 이 금강에다 비유하고 상징화한 것이지요.

그러면 《금강삼매경》의 구성과 그 내용을 살펴보겠습니다.

《송고승전》에서는 8품이라 밝히고 있으나 현존본은 7품뿐으로 이 7품이 정설분(正說分)에 해당하며 그 앞뒤에 서분과 유통분이 있습니다.

먼저 서분에서는 부처님께서 이 경의 사구게만이라도 받아 지니는 사람은 부처님의 지혜의 경지에 들어가게 된다고 설하시고, 금강삼매에 드시자 대중 가운데 아가타 비구가 게송으로 찬탄하는 내용으로부터 시작됩니다.

그리고 정설분 가운데 제1무상법품(無相法品)에서는 중생을 교화하려고 한다면 교화한다는 생각도 교화함이 없다는 생각도 일으키지 말아야 비로소 교화가 크다고 말하고

왕초보, 경전박사 되다

있습니다. 조그만 일에도 온갖 생색을 내려고 하는 우리 중생들에게는 많은 시사를 주는 구절이 아닐 수 없습니다.

제6여래장품(如來藏品)에서는 마치 대해에 모든 강물이 흘러 들어 오지 않을 수 없듯이 모든 법의 맛도 강물의 흐름과 같아서 그 이름과 크기와 양은 비록 다르지만 물이라는 관점에서는 아무런 차이가 없음을 일깨워 주고 있습니다.

마지막 유통분은 이 경전을 수지하는 사람은 불가사의한 공덕을 받을 것이라고 강조하는 내용입니다.

요컨대 《금강삼매경》의 '삼매의 세계'는 신비로운 정신세계이지만 구름 한 점 없이 맑게 개인 하늘처럼 가슴이 열려 있을 때 비로소 금강삼매가 실현된다고 설파한 경전이라 하겠습니다.

금강정경

인도에서 8세기 이후의 밀교는 거의 《금강정경》에 의해 전파되었는데 이와 더불어 《반야경》과 《진실섭경》 계통을 잇는 《반야이취경》이 차츰 형성되고, 그 후 증광(增廣)되어서 인도와 티베트 등에서 수많은 주석서가 만들어졌습니다. 따라서 《금강정경》 계통의 밀교는 인도밀교를 이어받은 티베트밀교의 기초가 되고 있습니다.

《금강정경》의 갖춘 경명은 《금강정일체여래진실섭대승현증대교왕경(金剛頂一切如來眞實攝大乘現證大教王經)》인데 줄여서 《금강정대교왕경》 또는 《금강정경》이라고 합니다.

산스크리트 원전을 비롯하여 티베트본과 세 종류의 한역본이 현존하고 있는데, 한역본 중에서는 시호의 번역본은 범본·티베트본과 내용이 거의 일치하고 있습니다.

이 경전의 전래담에 의하면 중인도의 금강지 삼장이 당나라로 건너올 때 경을 가지고 오려다가 뜻을 이루지 못하고, 후에 '금강정부(金剛頂部)'의 경전 18회 가운데 그 제1회에 속하는 부분만을 그의 제자인 불공 삼장이 갖고 와서 번역하였다고 합니다.

이 경전의 제1회에는 네 품이 있고 그 첫째품인 〈금강계품〉에 여섯 가지 만다라가 서술되어 있는데 최초의 '금강계만다라'를 역출한 것이 바로 《금강정경》 3권입니다.

그러므로 《금강정경》은 좁은 의미로 말할 때는 《초회금강정경(初會金剛頂經)》이라고 불리는 《진실섭경(眞實攝經)》을 가리키고 있으나, 넓은 의미로 말할 때는 18회 10만송(萬頌)의 광본(廣本)을 가리키는 것입니다. 이 광본은 의궤(儀軌)가 대다수를 차지하고 있으며, 7세기 말경에 성립한 것으로 추정되고, 남인도를 중심으로 8세기 후반부터 유행하기 시작하여 급속도로 발전하였습니다.

《금강정경》은《대일경》과 함께 밀교의 근본사상을 설하는 근본경전입니다.《금강정경》의 내용을 보다 쉽게 이해하기 위하여 상대적으로《대일경》과 대비하면서 설명하도록 하겠습니다.

《대일경》이 본질적인 부분에서 자량(資糧)의 집적(集積), 즉 구체적인 행위와 양적인 축적을 성불의 필수 조건으로 하는 업의 논리에 바탕을 둔 경전이라면,《금강정경》은 우주적인 관점에서 궁극적 실재와 개적(個的) 존재로서의 자신과의 즉사적(卽事的) 합일의 논리인 즉신성불(卽身成佛)을 주장하는 경전이라고 볼 수 있습니다.

좀더 친근한 비유를 든다면,《대일경》은 순례자의 종교 형태와 같은 입장이고,《금강정경》은 명상자를 위한 종교 형태의 전형이라고나 할까요. 이 두 경전만이 가지는 이러한 형태는 만다라에도 반영되어 있습니다.

《대일경》의 만다라는 중앙 부분이 밝고 주변으로 갈수록 어둡게 처리되는 여러 겹의 동심원(同心圓)으로 표현되고 있는데, 이 원(圓)은 우리들 삶의 전 과정, 즉 초발심에서 현등각에 이르는 삼아승지겁에 걸친 자량집적의 과정 또는 여실지견의 자심을 알기 위한 지적이고 실천적 노력의 과정

왕초보, 경전박사 되다

을 담고 있습니다. 이러한 도정(道程)은 마치 만다라의 중심에서 빛나고 있는 비로자나를 향해서 계속 걸어가야 할 의무를 짊어지고 있습니다. 그리하여 우리가 걷기를 계속하는 한 비로자나의 삶을 살아가는 것이 되고, 또한 우리의 주체적인 결의로 비로자나가 존속하는 것이 됩니다.

그런데 우리가 신행의 걸음을 멈춘다면 그 순간에 비로자나는 소멸되어 버리기 때문에 이러한 행위를 《대일경》에서 업수(業壽)라고 표현하고 있습니다.

반면에 《금강정경》의 만다라는 이와는 대조적으로 주위의 암흑과는 두드러지게 대조를 이루는 순백의 원형으로 표현되며, 내부에 어떤 명암의 변화도 없습니다. 그리고 인간은 이 원의 바깥에 있으면서 자기에게 외적인 존재인 만다라 전체와 즉사적(卽事的)으로 합일한다는 것입니다. 이것이 바로 즉신성불이며, 순백뿐인 원형의 만다라 그 자체입니다.

다시 말하자면 《금강정경》에서 우리들 인간의 구조는 백지로 환원됩니다. 그래서 인간은 진언을 외우는 입과 인(印)을 짓는 손과 올바른 생활규정의 삼매야를 관정하는 마음만 있으면 그것으로 충분하다고 합니다. 즉 밀교에서의 최후 귀착점은 만다라로 들어가는 일입니다. 그리하여 아무리 악한 사람이라고 하더라도 일단 만다라에 들어가기만 하면 곧바로 성불할 수가 있습니다. 따라서 《금강정경》에서는 만다라에 들어가는 중생의 근기를 문제 삼지 않습니다.

이렇게 현교에서 말하는 '모든 중생은 불성을 갖고 있다' 는 교설을 밀교에서는 '만다라' 라고 하는 새로운 방법으로 표현하고 있는 것입니다.

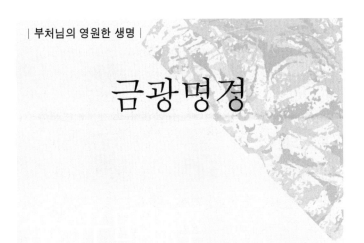

금광명경

 옛날 중국 주나라 무왕이 이웃 나라에 첩자를 보내어 그 나라의 국정을 살펴오도록 하였습니다. 얼마 후에 첩자가 돌아와서 말하기를 "이웃 나라는 지금 매우 혼란에 빠져 있습니다."고 했더니 "어느 정도인가?" 하고 묻는 무왕에게 처음에는 "사악한 자들이 선량한 이들을 누르고 있습니다."고 보고하였고, 그 다음엔 "지혜롭고 유덕한 이들이 나라를 떠나고 있습니다."고 대답하였으며, 세 번째로 "백성이 불평도 말하지 않게 되었습니다."는 대답에 무왕은 망국의 조짐이 완연하다고 판단하고서 즉각 군대를 동원하여 이웃 나라를 쳤다고 합니다.

또한 후한의 순열(筍悅)은 '나라를 망하게 만드는 네 가지 중병(重病)'을 다음과 같이 적고 있습니다.

첫째, 국정을 운영하는데 거짓말이 많아지는 위(僞)와 둘째, 공사(公私)를 혼동하여 국사를 그르치는 사(私)와 셋째, 권력만을 믿고 법을 무시하게 되는 방(放)과 넷째, 사치에 빠지는 사(奢)가 그것입니다. 어떻게 보면 이러한 지적들이 오늘의 우리 사회를 미리 예견하고 암시해 주는 것이 아닐까 하는 생각이 듭니다. 나라 전체가 혼란스럽고 부도덕한 시대에 우리들의 선조들은 이러한 난관을 어떻게 극복하였을까 생각해 보게 됩니다.

이럴 때 생각나는 단어가 호국입니다. 불교에서 '호국' 하면 '호국삼부경(護國三部經)'이 있습니다. 여기에서 설명해 드리고자 하는 《금광명경》은 《법화경》 《인왕경》과 더불어 '호국삼부경' 중의 하나입니다.

또한 전통사찰의 입구에다 사천왕을 모신 천왕문은 바로 《금광명경》의 사천왕신앙을 대변하는 상징이며, 신라·고려 때에는 나라에서 주관하던 금광명참법(金光明懺法)도 이 경전에 근거하고 있습니다.

이 경전에서 설하고 있는 내용은 미묘하기 그지없고, 또한 여러 경전 중에서 가장 뛰어나므로 이를 《최승왕경(最勝王經)》이라고 부르기도 하고, 그 찬란한 내용이 마치 금과 같이 빛난다 하여 이를 《금광명경》이라 하기도 하며, 이두 가지 뜻을 조합하여 《금광명최승왕경(金光明最勝王經)》이라 부르기도 합니다.

《금광명경》의 범본은 오늘날까지 전해지고 있으며, 또다른 사본(寫本)의 잔존도 몇 종류나 발견되어 유럽의 여러 도서관에 소장되고 있습니다. 그뿐 아니라 다섯 종류의한역본과 두 종류의 티베트본 그리고 만주 및 몽고어본도있습니다. 이렇게 번역본이 많은 만큼 이 경전에 대한 주석서도 헤아릴 수 없이 많은데 중국의 길장 · 지의스님을 비롯하여 신라의 원효 · 경흥 · 태현스님 등이 대표적인 주석자입니다.

또 이 경전은 번역본에 따라서 권수와 품수(品數)에 상당한 차이가 나는데, 완본(完本)으로 남아 있는 세 종류가후대로 갈수록 권수가 많아지는 것을 보면 그 내용이 점차로 추가되었음을 알 수 있습니다.

《금광명경》의 구성은 4권본의 경우 19품으로 나누어져 있습니다. 그 내용은 전체적으로는 참회사상이 중심이 되어 종교적이고 신앙적으로 인간의 행동에 대한 규범과 왕도(王道) 등을 규정하고 있고, 또 한편으로는 이타정신을 비롯하여 법신(法身)을 강조하고 있는데 특히 경명의 '금광명(金光明)'은 바로 법신의 이명(異名)으로 이해되고 있습니다. 그러나 가장 중요한 특징은 호국경전이라는 점에 비중을 두고 있기 때문에 경전의 여러 품에서 사천왕에 의한 국가보호나 현세이익 등에 초점을 맞추어서 설하고 있습니다.

〈사천왕품〉에서는 사천왕에 대해 구체적으로 설명하는데, 동쪽의 지국천왕(持國天王), 남쪽의 증장천왕(增長天王), 서쪽의 광목천왕(廣目天王), 북쪽의 다문천왕(多聞天王)이 있어 이들은 각자 수없이 많은 선신들을 거느리고 불법을 수호하고 또한 정법을 수지하며 국토를 지켜준다고 합니다.

그리고 이《금광명경》을 유포하고 수지 독송하거나 정법으로 다스리는 나라의 국왕에게는 사천왕과 그 권속들이 국토를 보호하고 외적으로부터의 침입이나 기근과 질병 등 각종 재난으로부터 보호해 준다는 것입니다.

왕초보, 경전박사 되다

한편 이 경전에서는 한 나라를 다스리는 통치자 즉 국왕에 대한 교훈도 잊지 않고 있는데, 즉 어느 한쪽에 치우치지 않고 정법으로서 다스릴 것을 권하고 있기 때문에 불교 국가에서 크게 환영받은 경전입니다.

능가경

楞伽經

우리가 무엇을 필요로 할 때 필요한 것을 얻게 되면 참으로 반가우면서도 신기하게 느껴지듯이 사람들의 인연도 또한 그렇습니다. 저 유명한 종자기와 백아의 만남이 그렇고, 달마대사와 혜가의 만남도 그런 경우라 생각됩니다.

다시 말하면 달마대사는 선법을 펴고자 하는 큰뜻을 품고 중국에 들어와서 양무제와 만나 문답을 하였는데, '무공덕(無功德)'이라는 저 유명한 답변을 남긴 후 아직 인연이 성숙되지 않았음을 알고 소림사로 들어가게 됩니다. 그리하여 숭산에서 9년 동안 면벽관심(面壁觀心)으로 일관하였기 때문에 사람들은 그를 벽관(壁觀)바라문이라 불렀습니다.

그러던 어느 추운 겨울날 법을 구하고자 하는 한 청년이 찾아 왔으나 달마대사는 모르는 체 하였답니다. 그러자 그 청년도 만만치 않은 사람이었던지 눈 속에서 며칠 동안 꼼짝하지 않고 서 있자 달마대사가 "너의 마음을 보여라"고 하였지요. 그랬더니 청년은 자신의 한 쪽 팔을 잘라서 구법의 분연한 결의를 나타냈습니다. 이렇게 팔을 자름으로써 입문(入門)의 허락을 받고 달마의 제자가 되었는데 이 청년이 바로 훗날 선종 제2조가 된 혜가였습니다. 달마대사는 이때에 의발(衣鉢)은 물론《능가경》을 전수하였습니다. 따라서 혜가 이후 수많은 선사들이 이 경전에 의지하였기 때문에 선종을 일명 '능가종' 이라고 이름한 것도 여기에 연유합니다.

《능가경》은 현재 범본(Saddharma Laṅkāvatāra-sūtra)과 두 가지 티베트본 그리고 세 가지 한역본이 전해지고 있습니다. 현존하는 최고본은 구나발타라(求那跋陀羅)의 번역본(4권)이고, 계통적으로 분류하면 실차난타 번역의 7권본과 보리유지 번역의 10권본은 같은 계통이고 4권본은 다른 계통으로 구별하고 있습니다.

왜냐하면 전자는 후자에 없는 서분(序分)에 해당하는 권청 부분과 내용의 요지를 게송으로 읊은 〈게송품〉이 있는데 이것들은 6세기 이후의 첨삭임을 나타내고 있기 때문이지요. 그러나 4권본은 품의 분류가 없고, 또한 〈다라니품〉과 〈게송품〉이 빠져 있는 것으로 미루어 볼 때 초기《능가경》의 원형으로 추정하고 있습니다.

그리고 예로부터《능가경》의 주제를 오법(五法)·삼성(三性)·팔식(八識)·이무아(二無我)로 보고 있으나 실은 대승경전에 나오는 여러 사상들을 종합·융화하여 유심(唯心)의 경지를 깨우치게 하는 독자적인 체제를 갖추고 있습니다.

《능가경》의 특징을 간추려 보면, 첫째 여래장사상과 아뢰야식을 결합시킴으로써 후대 기신론사상의 선구가 되고 있는 점, 둘째 중관과 유식사상을 함께 설하고 있는데 특히 호법(護法)의 유식사상에 영향을 주고 있는 점, 셋째 중생을 깨달음으로 인도하기 위해 여러 가지 교설이 있지만 이 모든 것은 방편에 불과하고, 실은 일불승뿐이라는《법화경》의 회삼귀일(會三歸一)의 사상에 귀착시키고 있는 점,

왕초보, 경전박사 되다

넷째 옛날부터 선경(禪經)으로 인정을 받아왔다는 점입니다. 이것은 육조 혜능대사 이후로는 선종의 소의경전이 《금강경》으로 바뀌었지만 그 이전에는 《능가경》이 그 자리를 지켜왔기 때문에 가진 특징입니다.

그런 만큼 《능가경》에서는 특히 선의 단계를 네 가지로 구분하고 있는데, 어리석은 범부가 행하는 선〔愚夫所行禪〕, 뜻을 관찰하는 선〔觀察義禪〕, 진여를 생각하는 선〔攀緣眞如禪〕, 여러 부처님의 선〔諸如來禪〕이 그것으로 그 기준은 무아(無我)를 어떻게 이해하느냐 하는 것입니다. 이러한 견해는 《능가경》에서 일관되게 주장하는 입장입니다.

또한 기존의 여래장사상과 다른 특징은 여래장과 아뢰야식이 사상적 결합을 하고 있다는 점입니다. 예를 들면 우리들 마음이 지옥·아귀·축생과 같을 때가 있는가 하면, 누군가에게 아낌없이 주고 싶기도 하고, 때로는 열심히 보살도를 닦아 부처가 되고 싶어하는 마음을 갖기도 합니다. 때문에 여래장과 아뢰야식이 하나라는 뜻입니다. 즉 좋은 쪽에서 보면 여래장이고, 나쁜 쪽에서 보면 전체가 망념을 일으키는 아뢰야식이라는 것입니다.

다시 말하면 불교의 진수인 자각성지(自覺聖智) 즉 자내

증(自內證)의 소식, 자각의 경계가 무엇인지에 대하여 상
대·차별의 미망으로부터 인식을 초월할 때 부처의 자각성
지를 이룰 수 있다고 설하고 있습니다.

그러나 무엇보다도 《능가경》의 핵심은 앞에서 언급했듯
이 미혹의 근원은 무시겁래의 습기(習氣)로 인하여 모든 법
이 오직 자심(自心)의 소현(所現)인 것을 알지 못하고 거기
에 집착하는 것을 말합니다. 이것은 우리들 의식의 본성이
며, 이를 철저하게 요달한다면 능취(能取), 소취(所取)의
대립을 벗어나 무분별의 세계에 이를 수가 있습니다.

요컨대 미혹의 세계가 벌어지는 이유와 과정을 설명한
것이 유식사상이라면, 미혹의 세계에서 깨달음의 세계로
갈 수 있는 가능성과 그 근거를 설명한 것이 여래장사상이
고, 바로 그것을 설한 경전이 《능가경》입니다.

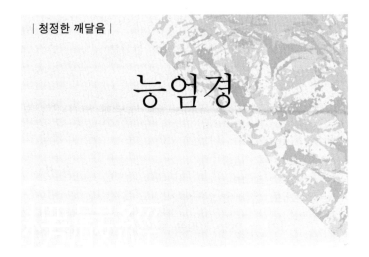

| 청정한 깨달음 |

능엄경

　해마다 3월은 초 · 중 · 고 · 대학에 이르기까지 입학식이 많은 달입니다. 처음 입학하는 학교, 새로이 만나는 선생님과 친구들, 모두가 새롭습니다. 처음 사람을 만날 때 첫인상이 매우 중요하다는 것은 누구나 다 알고 있는데, 그것은 우리가 사람을 대할 때 우선 얼굴표정과 태도에서 그 사람을 일차적으로 판단하기 때문이지요.

　그러나 많은 사람들이 좋은 첫인상을 만드는 비결을 잘 모르는 것 같습니다. 그 비결은 첫째 몸에는 생기, 둘째 얼굴에는 화기, 셋째 눈에는 정기, 넷째 가슴에는 덕기가 있어야 한다고 합니다. 그러나 무엇보다 이 네 가지를 다 갖추기 위해서는 바로 마음에 여유와 향기를 지녀야 한다고 하는데 그 말에 더 공감이 갑니다.

그런데 반대로 첫인상이 너무 좋아서 낭패(?)를 보는 경우도 없지 않습니다. '아난존자'의 경우가 바로 여기에 해당하는데 이 때문에 설해진 경전이 바로 《능엄경》입니다.

구체적으로 말하면, 아난존자가 공양초청을 받고 돌아오다가 강가에서 '마등가'라는 처녀에게 물 한 잔을 얻어 마시게 되는데, 그녀는 아난존자에게 첫눈에 반해 버리고 말았습니다. 마등가는 집에 돌아와서 주술을 쓰는 어머니를 졸라 결국 아난을 유혹하여 집으로 오도록 만듭니다.

그때 부처님께서는 천안통으로 아난이 마도(魔道)의 위기에 처한 것을 아시고 '능엄주'를 외워서 구해 주십니다. 아난은 마등가의 유혹과 주문에 걸려든 것이 결국은 자신의 수행력 부족임을 자각하고 부처님께 도를 닦는 방법을 여쭈게 되는데, 이렇게 아난과 부처님의 문답이 이루어지면서 《능엄경》의 내용이 전개되고 있습니다.

《능엄경》은 원래 《대불정여래밀인수증요의제보살만행수능엄경(大佛頂如來密因修證了義諸菩薩萬行首楞嚴經)》으로 긴 이름을 갖고 있지만, 줄여서《대불정경》《수능엄경》《능엄경》등이라 약칭하고 있습니다. 한자의 의미대로만 해석하면 '부처님의 이마처럼 높은 비밀의 가르침을 닦아 증득하기 위해 모든 보살들이 만행을 닦으면 모든 일이 마침내 이루어지는 으뜸가는 경'이라는 뜻입니다.

이 경전은 인도의 나란다사에 비장(秘藏)되어 불멸 후 인도에서만 유통되고 타국에는 전하지 못하도록 왕으로부터 엄명이 있었기 때문에 당나라 이전까지는 중국에 전래되지 못하다가 705년 중인도 스님인 반랄밀제에 의해 전래되고 한역되었다고 합니다. 그러나 학계에서는 그 내용으로 미루어 중국에서 찬술된 경전이라고 말하고 있습니다.

또한 경명에 '밀인'이란 문구가 있듯이 '관정부(灌頂部 : 밀교)'에 수록되어 있으나 중생의 감각기관과 마음의 흐름을 자세히 관찰하고 있기 때문에 오히려 선가(禪家)에서 큰 비중을 차지하는 경전으로 정착하였고, 현존하는 수많은 주석서의 주석자가 거의 선사(禪師)라는 사실은 이를 잘 대변해 주고 있습니다.

《능엄경》은 10권으로 이루어져 있고, 그 내용을 정리해 보면 온 우주에 꽉 차 있는 참 성품, 항상 내 것인 마음자리를 보아야 한다는 것입니다.

이와 같이《능엄경》의 핵심적인 내용은 우리들의 감각기관과 마음의 성품을 갈라놓기 위해 부처님께서 여러 가지 비유를 들어서 설명하고 있습니다. 예를 들면 밤에 사물을 볼 때 등불이 빛을 낸다고 해서 등불이 보는 것이 아니듯이 등불의 빛이나 눈이나 안경이나 감각기관이 도움을 줄지언정 결정적으로 사물을 보는 것은 마음의 성품뿐이라는 뜻입니다.

이 비유들을 요약하면, 첫째 우리가 윤회의 세계에서 헤매는 이유가 감각기관이나 그 대상경계 같은 내 것이 아닌 것을 내 것으로 착각하는 데 있다는 것, 둘째 밖으로부터 궁극적인 행복이나 평화를 얻으려고 해서는 절대로 얻을 수 없다는 것입니다. 그러므로 옛날 조사스님들은 색성향미촉법을 여섯 도둑에 비유하여 그것들의 비위를 맞추는 데다 행복을 걸면 도적을 아들로 잘못 알고 그 도적에게 일생을 맡기는 것과 같다는 경계의 말씀을 아끼지 않으셨습니다.

또한《능엄경》에는 '인연법'이니 '무자성'이니 '공사상'이니 하는 대승경전에서 흔히 볼 수 있는 단어들을 별

왕초보, 경전박사 되다

로 사용하지 않고도 결과적으로는 그러한 것들을 다 드러내 보이는 특징이 있습니다. 이것은 바로 《능엄경》이 중국인들의 정서에 맞도록 편찬되었다는 것을 뒷받침해 주는 단서의 하나이기도 합니다.

또한 《능엄경》은 예로부터 출가·재가인을 막론하고 이 경을 즐겨 독송하였는데 그 이유는 이 경이 선정에서 나타날 수 있는 여러 가지 마구니의 허상들을 조목조목 나열하고 경계하고 있을 뿐만 아니라 우리 중생들의 현실적 이익과 안락을 위해 설해져 있기 때문입니다.

그러나 무엇보다도 《능엄경》에는 우리들에게 변하지 않는 성품인 참마음이 있다고 설하고 있습니다. 마치 장작에서 불이 나오듯이 참성품을 보는 사람에게는 누구에게나 참성품은 그 사람의 것이라는 겁니다. 그것은 차별적인 것이 아니라 연결되고 전체적인 것이기 때문에 전부 나의 것이면서 동시에 모두의 것이기도 하다고 강조하고 있습니다.

대반열반경

大般涅槃經

　　예전에는 아버지가 아들에게 유훈을 남기는 풍습이 있었
는데, 요즘은 유훈을 남기는 일이 별로 많지 않다고 합니다.
자식을 훈계할 만한 자격이 없다고 생각하여 스스로 부끄러
워서인지, 그도 아니면 그저 재산만 남겨 주면 아버지의 도
리를 다하였다고 여기기 때문인지는 모르겠습니다. 그러면
서도 젊은이들의 생각이 빗나가고 있다고 한탄하기도 하고,
때로는 자신들이 소중히 지켜 오던 가치관을 무너뜨린다고
분노하기도 하면서 이 모두가 잘못된 교육 탓이라고 개탄하
기도 합니다. 그러나 그들 중 어느 누구도 자식을 잘못 가르

친 부모의 책임이라고는 생각하지 않는 듯 합니다.

그런 의미에서 보아도 우리 부처님은 참으로 위대한 교훈을 남겨 주신 분입니다. 바로 부처님의 유훈을 전하는 경전이 《열반경》입니다.

《열반경》에는 두 가지 종류가 있는데 하나는 《소승열반경》이고, 다른 하나는 《대승열반경》입니다. 《소승열반경》은 부처님의 생애와 열반 그리고 사리 분배에 이르기까지의 사정이 사실적으로 묘사되어 있는 반면, 《대승열반경》은 부처님의 법신은 영원하다는 것과 열반에는 그 특성으로서의 네 가지 덕이 있다는 것 그리고 중생에게는 누구나 할 것 없이 불성이 있다는 교리적인 문제를 자세히 설하고 있습니다.

《대승열반경》의 범본 원명은 마하파리니르바나 수트라(mahāparinirvāna-sūtra)라고 하여 《소승열반경》과 경전의 이름이 동일하기 때문에 앞서 말씀드렸듯이 대·소승을 붙여서 구별하고 있습니다.

한역으로서는 법현과 불타발타라 두 명의 삼장이 공역한 《대반니원경(大般泥洹經)》 6권과 북량의 담무참스님이 번역한 《대반열반경》 40권이 있는데, 이 6권본과 40권본을 혜엄스님과 혜관스님이 비교 대조하여 재편집한 《대반열반경》 36권이 있습니다. 그래서 40권본이 번역된 장소가 북쪽이므로 《북본열반경》이라 하고, 36권본의 성립된 곳이 남쪽이므로 《남본열반경》이라 부르고 있습니다. 이러한 대본(大本) 이외에도 부분 번역이 더 있고, 이외에 후분(後分)만을 번역한 것도 현존하고 있습니다.

죽음이라는 절대절명의 명제 앞에서는 그 누구도 진실할 수밖에 없겠지만 부처님의 열반을 설한 경전인 만큼 많은 사람들의 관심이 집중되었고, 따라서 이 경전을 소의(所依)로 하는 열반종이 성립되는가 하면 수많은 주석서들도 저술되었습니다.

중국에서 찬술된 주석서로는 당나라 장안스님의 《대반열반경소》가 가장 대표적인 것으로 후대 《열반경》의 지침서가 되고 있고, 우리나라에서도 많은 주석서 가운데 원효스님의 《열반경종요》와 《열반경소》가 예로부터 많은 관심을 받고 있습니다.

《대반열반경》의 구성은 6권본이 18품, 북본은 13품, 남본은 25품으로 이루어져 있는데, 먼저 유명한 설산동자의 '무상게(無常偈)'를 살펴보도록 하겠습니다.

왕초보, 경전박사 되다

부처님께서 가섭존자에게 자신이 보살로 수행할 때의 얘기를 해 주시는데, 그게 바로 설산동자의 구도담(求道談)이지요. 즉 제석천신은 설산동자의 구도심을 시험하기 위해 나찰의 모습으로 변신하여 그 앞에 나타나 "이 세상의 모든 만물은 항상함이 없어서 나면 반드시 멸해지나니(諸行無常 是生滅法)."라는 구절의 게송을 외우기 시작합니다. 설산동자는 그 게송을 듣고 나자 목마른 이가 샘을 만나듯이 너무나 기뻤습니다. 그래서 나머지 게송을 들려달라고 간청을 했지만, 나찰은 몹시 배가 고파서 더 이상 외울 기력이 없다고 하였습니다. 동자는 나머지 게송을 듣고 나서 자신의 몸을 먹게 해 주겠다고 약속하였지요.

이윽고 나찰로부터 "나고 죽음에 구애받지 않으면 적멸의 고요가 즐거우리라(生滅滅已 寂滅爲樂)."는 게송의 후편을 들은 설산동자는 바위에다 게송을 새긴 후, 나무 위에 올라가 나찰의 먹이가 되기 위해 뛰어 내렸습니다. 이를 본 나찰은 곧 제석천의 모습으로 변하여 떨어지는 동자를 사뿐히 받아 안고서 반 구절의 게송을 듣기 위해 자신의 몸을 버리는 동자를 찬탄해마지 않았습니다.

설산동자는 이와 같은 공덕으로 다음 생에 석가모니 부

처님이 되셨던 것입니다. 이 이야기는 우리가 과연 구도를 위해 얼마나 노력하고 있는가 하는 반성을 하게 하는 대목이 아닐 수 없습니다.

이러한 《열반경》의 구체적인 내용을 말씀드리면 크게 세 가지로 요약할 수 있습니다.

첫째는 불신상주설(佛身常住說)로 부처님의 법신은 항상 계신다는 가르침으로서 부처님의 죽음이라는 역사적 사실을 어떻게 이해하여야 할 것인가 하는 문제입니다. 즉 부처님의 육신은 열반에 들었지만 깨달음으로서의 법신은 영원하여 항상 우리와 함께 한다는 논리적인 근거를 제시해 주고 있습니다. 다시 말하면 구름에 가려서 해를 보지 못할 때에도 여전히 태양은 존재하듯이 중생들이 미혹하여 부처님을 보지 못할 뿐이라는 것입니다.

한 가지 예를 더 든다면 새끼사자 한 마리가 길을 잃고서 양의 젖을 먹으며 자라게 되었는데 그는 자신이 양의 새끼인 줄 알았다가 어느 날 자신의 울음소리를 듣고 뭇 짐승들이 놀라 도망가는 것을 보고 자신이 사자임을 비로소 알게 되었습니다.

그처럼 우리가 지금 행동하는 모습은 중생이지만 실상

왕초보, 경전박사 되다

은 부처라는 겁니다. 마치 새끼사자가 자신이 자각을 하든 하지 못하든 사자인 것과 마찬가지로 우리가 자신이 부처임을 자각하지 못하더라도 불성을 가진 부처임에는 틀림이 없다는 의미입니다.

마찬가지로 눈에 보이지 않는다고 없는 것이 아니듯이 열반에 드신 것은 바로 부처님의 육신일 뿐이며, 진리로서의 부처님의 법은 항상하다는 뜻입니다.

둘째 열반사덕(涅槃四德)이란 바로 상락아정(常樂我淨)의 가르침을 말합니다. 즉 열반은 항상하고(常) 즐거우며(樂) 열반의 주체는 나이고(我) 진실로 청정하다는(淨) 의미입니다. 그러나 우리 중생들은 무상한 것을 항상 실재하는 것으로 생각하고, 삶 그 자체가 고통인 줄을 모르고 순간적인 쾌락만을 추구하여 그것이 즐거움인 양 여기고 있습니다. 또한 실체가 없는 것을 '나'라고 착각하고, 더러운 내 육신을 깨끗한 것으로 집착하여 전도된 생각 속에서 살아가고 있습니다. 이러한 어리석음을 깨우쳐 주는 것이 바로 상락아정의 가르침이지요.

그런데 여기서 한 가지 궁금점이 일어나게 됩니다. 바로 불교적인가 아닌가의 기준이 되는 삼법인의 제법무아에서

'무아(無我)'와 열반사덕에서의 '아(我)'를 어떻게 이해하고 해석해야 할 것인가 하는 점입니다. 이 두 가지 '아'의 차이는 마치 현명한 의사가 똑같은 약초라도 약이 될 때와 독이 될 때를 알아서 사용하듯이 중생들이 '나'를 실체적인 것으로 집착할 때는 '무아'라고 설하기도 하고, 진리로서의 '나' 바로 불성으로서의 '나'를 설하시기도 한 것입니다. 즉 열반사덕 속의 '아'는 이 세상에서 불변의 것은 없다고 믿는 나, 불성이 있음을 믿는 나, 내가 바로 부처임을 믿는 나, 존재의 실상을 참구하는 나를 뜻하는 것입니다.

세번째는 실유불성(悉有佛性)의 가르침입니다. 중생들은 누구나 깨달을 수 있는 불성을 지니고 있다는 것인데, 이 말은 우리들에게 무한한 가능성과 희망을 주고 있습니다. 우리가 지금 행동하는 모습으로 보면 중생 같아 보이지만 실상은 부처라는 뜻이기 때문입니다.

그러나 현실적으로는 '저런 사람도 과연 불성이 있을까' 하고 의아해 할 정도로 야비하고 파렴치한 사람도 없지 않습니다. 그에 대해서 《열반경》은 다음과 같은 비유로 설명하고 있습니다.

독약을 탄 우유를 재료로 써서 버터와 치즈 등을 만들었

왕초보, 경전박사 되다

을 때 그 제품 하나 하나에다 직접 독을 넣지 않았을지라도 그것을 먹는 사람들은 모두 죽게 되듯이, 설사 나타나는 모습은 아귀와 같고 행동은 축생이나 아수라와 같아도 그 속엔 불성을 지니고 있다는 것입니다.

그러면 불교에서는 왜 이렇게까지 불성에 집착하느냐 하면 불성이 우리에게 주는 메시지가 무한한 가능성을 담고 있기 때문입니다. 가령 어린아이가 대통령이 되겠다고 해도 우리들이 그것을 받아들일 수 있는 것은 그 아이 앞에 펼쳐질 무한한 가능성을 알고 있기 때문이듯이 우리들도 부처가 될 수 있는 가능성을 지닌 범부라는 것입니다.

그렇다면 우리 중생들도 하루 하루를 부처님 흉내를 내어야 할 것 같습니다. 원래 교육(education)의 어원은 흉내낸다는 뜻에서 유래하였듯이 조금씩이나마 흉내를 내다 보면 그것은 이미 흉내가 아닌 자기 것이 되어 버리겠지요. 어떤 사람이 앞못보는 흉내를 5분 동안 하였다면 그 사람은 적어도 5분간은 장님이 되듯이 우리가 부처님의 행동을 자꾸 흉내내다 보면 자연히 부처님을 닮게 되고 그러다 보면 반드시 부처님이 될 것입니다.

끝으로《열반경》에서는 보살이 중생들에게 무량하게 일

으켜야 하는 마음자세로 네 가지(四無量心)를 들고 있는데 '자비희사'가 바로 그것입니다. 오스트리아 심리학자인 '알프레드 애들러' 박사는 자신을 찾아온 우울증 환자들에게 "매일매일 어떻게 하면 남을 기쁘게 해 줄 수 있을까?" 하고 궁리해서 "하루에 한 가지씩 이 주일만 실천하면 당신의 병은 씻은 듯이 나을 것"이라고 처방해 주었다고 합니다. 그가 비록 불교에서 가르치는 '자비희사'는 몰랐겠지만 같은 가르침을 주는 이야기라고 생각됩니다.

"날아다니는 새는 앉은 자리가 깨끗해야 하고, 사람의 경우는 앉은 자리보다 떠난 자리가 깨끗해야 한다."라는 말이 있듯이 떠날 때를 알고, 또한 떠난 후가 깨끗하다면 분명 아름다운 일일 것입니다. 부처님께서는 당신이 떠나가신 후, 우리 중생들이 나아가야 할 길을 《열반경》을 통해 이와 같이 가르쳐 주신 겁니다.

《열반경》은 시간적으로 제한된 삶을 살아가야 하는 인간의 생에 대한 고찰과 영원을 지향하는 중생들의 간절한 물음에 긍정적이고 주체적인 인생관을 확립시켜 줄 수 있는 경전이라고 하겠습니다.

왕초보, 경전박사 되다

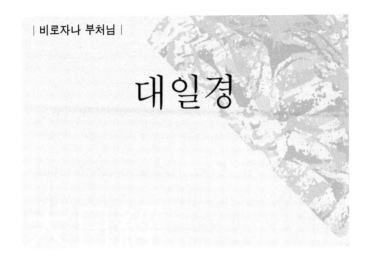

대일경

해마다 봄이 되면 봄을 장식하는 꽃들이 여기저기에서 흐드러지게 피어납니다. 꽃들 가운데는 진달래와 개나리를 비롯하여 목련, 장미 그리고 진한 향기를 가진 외래종 꽃들도 있습니다. 이 많은 꽃들 중에는 실은 이름을 알 수 없는 무명초가 훨씬 더 많습니다.

그런데 중요한 것은 화려한 꽃이나 이름이 없는 꽃이나 모두가 최선을 다해 피어 있다는 점입니다. 그렇기 때문에 그 어느 것 하나도 소중하지 않는 꽃이 없습니다. 이렇게 살아 있는 모든 존재들의 소중함을 일깨워 주는 경전이 있는데 바로 《대일경》이 그러한 경전입니다. 이 경전에서 나타난 만다라의 세계가 모든 존재의 소중함을 잘 표현하고 있기 때문이지요.

만다라(曼茶羅)는 범어(maṇḍala)를 소리나는 대로 읽은 것으로서 우주의 진리를 언어가 아닌 그림으로 표현한 도상입니다. 만다라는 본질, 취집(聚集), 윤원구족(輪圓具足) 등으로 한역되는데, 취집은 무수한 부처님이 모인다는 의미이고, 윤원구족은 바퀴의 살이 모두 가운데 축으로 모아져 하나를 이루듯이 대일여래를 중심으로 하나가 되어 원만한 공덕을 갖추고 있다는 뜻입니다.

《대일경》의 한역 경명은 《대비로자나성불신변가지경(大毘盧遮那成佛神變加持經)》이고, 범본은 산실되어 버렸으나 티베트본은 남아 있습니다. 그리고 《대일경》에는 광략이본(廣略二本)이 있었다고 하는데, 광본은 10만송 삼백 권이고, 약본은 그 요점만을 간추려 편집한 것으로 현존본(現存本)이 바로 그것이라고 합니다.

이 경전의 전체 구성은 전7권 36품으로 이루어져 있는데 1권부터 6권까지의 31품은 당나라 무행스님이 7세기 후반 나란타사에서 입수한 것으로, 그가 북인도에서 입적하자

왕초보, 경전박사 되다

이《대일경》은 중국으로 보내져 장안의 화엄사에 보관되어 있었습니다. 그리고 제7권 5품은 그 후에 인도의 선무외(善無畏)삼장이 간다라에서 범본을 가지고 들어와서 번역한 경전인데, 선무외가 이 경전을 번역하면서 이 두 가지를 합친 것이 현재의 한역입니다. 따라서 앞의 6권 31품이 경전의 주된 내용이고, 뒤의 7권은 응용편이라고 할 수 있는 공양차제법(供養次第法)입니다. 이 번역 과정에서 선무외가 강술한《대일경》의 내용을 그의 제자 일행(一行)이 기록하여《대일경소》 20권을 저술했는데 이 자료가 이후의《대일경》연구에서 결정적인 지침서가 되고 있습니다.

경전의 내용을 살펴보면, 먼저《대일경》의 이론적인 설명은 제1 〈주심품(住心品)〉에서 설하고, 실천수행의 설명은 제2 〈구연품(具緣品)〉 이하에서 설하고 있습니다.

좀더 자세히 설명하면 〈주심품〉에서는 비로자나여래가 집금강비밀주(執金剛秘密主)의 '부처님의 지혜〔一切智智〕를 어떻게 얻는가' 라는 질문에 대하여 설명하는데, 그 중심 사상은 소위 '삼구(三句)의 법문' 이라고 일컬어지는 것입니다. 구체적으로는 보리심을 인(因)으로 하고, 대비를 근(根), 방편을 구경(究竟)으로 한다는 내용입니다.

다시 말하면 '있는 그대로의 자기 마음'을 관찰하는 것, 즉 여실지견심(如實知見心)이 바로 불지혜의 획득이라는 것입니다. 마음은 보리와 다르지 않으니까 자신의 마음 그대로 보리를 구해야 하고, 바로 그 범부의 마음으로부터 차례로 향상시켜 가는 순세(順世)의 팔심(八心)과 세간적인 육십심(六十心)을 설명하고 있습니다.

요컨대 우리들 개개인의 깨달음을 추구하는 마음이 법신비로자나를 존속시키는 원인인 것이고, 이때 깨달음이란 바로 '자신의 마음을 여실하게 두루 아는 것'이며, 우리 인생은 자기 마음을 아는 과정일 때에 참된 의미를 지닌다는 것입니다.

그러면 구체적으로 어떻게 해야 이와 같은 삶을 살아갈 수 있을 것인가? 이를 단적으로 설명하는 것이 바로 《대일경》의 〈주심품〉이고 또한 삼구(三句)입니다.

그리고 제2 〈구연품〉에서는 만다라 건립의 방법을 비롯하여 방위를 정하는 법, 아사리와 제자의 자격조건 등을 설하고, 제3 〈식장품(息障品)〉으로부터 제30 〈세출세지송품(世出世持誦品)〉에서는 만다라 · 관정(灌頂) · 호마(護摩) · 인(印) · 진언 등 밀교의 기본적인 행법(行法)의 원형

왕초보, 경전박사 되다

을 설하고 있습니다.

특히 《대일경》에 근거한 만다라를 '태장만다라(胎藏曼茶羅)' 라고 하는데 여기에는 세 종류가 있습니다. 즉 대만다라(大曼茶羅)와 법만다라(法曼茶羅) 그리고 삼매야만다라(三昧耶曼茶羅)입니다. 태장만다라의 '태장' 이란 모태(母胎)라는 의미를 가지고 있는데 보리심의 인을 탁태(託胎)에 비견하고, 대비의 근을 출태(出胎)에, 방편의 구경을 생장(生長)에 비유하여 수행자가 삼구전생(三句轉生)하는 과정을 설명해 주고 있습니다. 또 태장만다라를 연화에 비유하기도 합니다.

아무튼 《대일경》은 법신불인 대일여래의 교설로서 특이한 불신론(佛身論)을 전개하고 있는 경전이라 하겠습니다.

대품반야경

大品般若經

　《소품반야경》은 게송 수가 팔천송(八千頌)인데 비해 《대품반야경》은 이만오천송(二萬五千頌)으로 이루어져 있기 때문에 일명《이만오천송반야》라 부르기도 합니다.

　《소품반야경》과 마찬가지로《대품반야경》역시 범본과 티베트본이 있고, 한역으로는 404년에 구마라집이 완역한 《대품반야경》이외에 동본이역(同本異譯)으로 축법호가 번역한(286)《광찬반야경(光讚般若經)》과 무라차(無羅叉)가 번역한(291)《방광반야경(放光般若經)》등이 있습니다.

　이렇게 종류가 많다 보니《소품반야경》과《대품반야경》

의 성립연대와 순서를 놓고 아직까지 의견의 일치를 보지 못하고 있습니다. 학자에 따라서는 《소품반야경》이 성립된 후에 《대품반야경》이 성립되었다고 주장하기도 하고, 그와 는 반대라고 하는 견해도 있기 때문입니다. 중국에서는 《소품반야경》이 그 어느 대승경전보다도 제일 먼저 번역되었다는(179) 점에 초점을 맞출 경우 전자의 견해가 타당하다는 생각도 듭니다.

그렇다면 기원 전후로부터 시작하여 기원후 1세기 중엽까지는 《소품반야경》이 성립되었다고 볼 수 있기 때문에 《대품반야경》은 자연히 그 후가 될 것입니다. 그러나 그 어느 쪽이든 현장스님이 번역한 《대반야경》 속에 모두가 포함되어 있고 내용상의 차이가 아니라 분량의 대소가 다를 뿐입니다. 예를 들면 260자로 된 《반야심경》과 같이 짧은 경전과 600권이라는 방대한 분량의 《대반야경》이 모두 반야경전에 속합니다.

그런데 《대품반야경》에서는 '반야바라밀'이라는 단어 자체에다 신앙적인 의미를 부여하여 모든 부처님을 출생시키는 어머니와 같은 역할의 존재로 표현하고 있습니다. 그렇기 때문에 자연히 반야바라밀 그 자체에 신비한 힘이 들어 있어서 이를 염송하는 사람에게는 반드시 공덕이 돌아간다는 점을 강조하고 있습니다. 그리고 특히 《대품반야경》에서는 서품 제1의 내용을 눈여겨 보아야 합니다.

즉 부처님께서 대중들에게 반야를 설법하기 시작하시자 삼천대천국토와 시방세계의 중생들은 제각기 '부처님은 오직 나만을 위해 바로 이 법을 설하시는구나' 라는 생각이 들었다고 합니다. 이것은 마치 우리가 언변이 뛰어난 사람의 말을 듣고 있노라면 '혹시 나보고 들으라고 하는 얘기 아닌가?' 하고 생각이 들 정도로 설득력을 가지듯이 말입니다.

다시 말하면 서품에 나오는 이 내용은 그 자리[會座]에 참석한 사람들이라면 한 사람도 빠짐없이 각자의 이해 정도에 따라 반야의 가르침을 받아들였다는 것을 입증하는 대목으로 보아야 할 것입니다.

그리고 또 한 가지는 《소품반야경》이든 《대품반야경》이든 간에 육바라밀의 실천을 통한 공사상을 설하고 있기 때문에 무엇보다 육바라밀의 이해가 선행되어야 할 것입니다. 보시에서 선정까지의 다섯 바라밀을 한 묶음으로 하고 나머지 지혜바라밀을 한 묶음으로 했을 때 이 두 가지는 마치 수레의 두 바퀴와 같이 상호보완적 관계를 이루고 있습

한 권으로 읽는

빠알리 경전

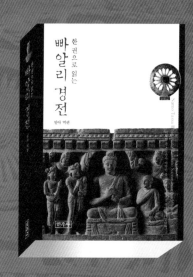

빠알리 경전에서 선별한

예경독송집

한권으로 읽는 빠알리경전의 특징

일아 역편 / 신국판 / 양장제본
752쪽 / 값 28,000원

첫째, 이 책은 불교의 근본 경전인 빠알리 대장경에 있는 다섯 종류의 니까야와 율장에서 선별하여 한 권으로 엮은 것으로, 빠알리 경전 가운데 핵심적인 중요한 가르침은 모두 모았다고 할 수 있다.

둘째, 이 책은 부처님 생애에서부터 기본적인 가르침에 이르기까지 관련 경전을 교리적 체계적으로 뽑아서 공부하고 가르칠 수 있도록 하였다.

셋째, 사변적이고 이론적이며 논증적인 교리보다는 읽어서 이해가 되고 남과 더불어 삶을 살아가는 데 도움이 되는 경전 위주로 선별하였다.

넷째, 지나치게 신격화된 이야기보다는 부처님 모습을 진솔하게 보여주는 내용 위주로 선별하였다.

다섯째, 주석이 없이도 읽을 수 있도록 쉬운 말로 번역하였고, 꼭 필요한 주석은 되도록 짧게 달아 번다하지 않게 하였다.

여섯째, 부록으로 빠알리 경전과 연관된 내용을 수록하여 이 한 권으로 빠알리 경전에 대한 정보와 지식을 두루 갖추도록 하였다.

빠알리경전에서 선별한 예경독송집

일아 역편 / 4×6배판 / 양장제본
164쪽 / 값 15,000원

이 책은 빠알리 경전 중에서 예불·예경·발원·예식·기도 등 독송하기에 적합한 경전에서 발췌 번역한 것이다. 여기에 선별된 경전들은 그야말로 보석처럼 빛나는 부처님 가르침의 핵심을 모은 것이다. 한 구절 한 구절 모두 들어서 즉시 이해가 되고 마음에 와 닿고 독송하기도 좋은 경전들이다. 그리고 다른 어느 경전에서도 결코 만날 수 없는 부처님의 인간적인 면모, 바른 견해, 인격, 사유방식, 수행, 성품 등 정말 만나기 어려운 성자의 모습을 만날 수 있다.

제1편은 예불·예경·의식·예식·기도 등 독경을 위한 경전 모음이다. 제2편은 베풂·공덕 지음·간병·보시·효도 등 자비실천의 경전 모음이다. 제3편은 늙음·병듦·죽음·슬픔 등 한탄에 빠진 이들에게 주는 가르침이다. 부처님의 가장 큰 관심은 많은 사람들로 하여금 생·로·병·사와 슬픔·한탄에서 오는 괴로움으로부터 해방시켜서 평화와 행복을 주는 것이었다. 병원에 입원한 사람들을 방문했을 때, 마땅히 읽어줄 경전이 없어서 고민하게 되는데 이런 경전들은 아주 적합하다. 제4편은 친구·우정·참된 친구와 거짓 친구 등에 대한 가르침과 젊은이들의 바른 가치관을 세우는 데 가장 알맞은 부처님의 바른 견해·바른 생각·바른 말·바른 행동에 대한 가르침을 모았다.

일아스님 소개

일아 (一雅)스님은 서울여자대학교와 가톨릭 신학원을 마치고 고등학교 교사를 역임했다. 그 뒤 조계종 비구니 특별선원 석남사에 법희스님을 은사스님으로 출가하였고, 운문사 승가대학을 졸업하였다. 태국 위빠야솜 위빠사나 명상 수도원과 미얀마 마하시 위빠사나 명상 센터에서 2년간 수행하였고, 미국 New York Stony Brook 주립대학교 종교학과와 University of the West 비교종교학과 대학원을 졸업하고, University of the West 비교종교학과 대학원에서 철학박사 학위를 받았다. LA Lomerica 불교대학 교수, LA 갈릴리 신학대학원 불교학 강사를 지냈다. 박사 논문은 「빠알리 경전 속에 나타난 부처님의 자비사상」이다.

민족사

서울시 종로구 수송동 58번지 두산위브파빌리온 1131호 민족사
TEL 02)732-2403~4 / 이메일 minjoksa@chol.com / 홈페이지 www.minjoksa.org

국민은행 006-01-0773-002 윤재승
농　　협 053-02-109450　윤재승

니다. 즉 지혜바라밀이 다섯 바라밀의 전제가 되어야 한다는 뜻입니다.

가령 보시바라밀을 행한다고 할 때 무턱대고 베푸는 것만이 능사가 아니라는 뜻입니다. 그것은 어린애가 떼를 쓸 때 하자는 대로 순순히 따라주는 것이 좋은 것인가 아니면 반대로 꾸짖는 것이 좋은 것인가 하는 것을 판단하기 위해서는 반드시 지혜가 필요하기 때문입니다. 이 두 가지가 잘 조화를 이룰 때 비로소 마하반야바라밀이 성취된다는 뜻입니다.

그렇다면 이 육바라밀을 불교적인 해석을 떠나 시로 표현한다면 어떻게 될까요?

님에게는 아까운 것이 없이 무엇이나 바치고 싶은 이
마음
거기서 나는 보시(布施)를 배웠노라.
님께 보이자고 애써 깨끗이 단장하는 이 마음
거기서 나는 지계(持戒)를 배웠노라.
님이 주시는 것이면 때림이나 꾸지람일지라도 기쁘
게 받는 이 마음

거기서 나는 인욕(忍辱)을 배웠노라.

자나깨나 쉴 새 없이 님을 그리워하고 님 곁으로만 도는 이 마음

거기서 나는 정진(精進)을 배웠노라.

천하에 많은 사람이 오직 님만을 사모하는 이 마음

거기서 나는 선정(禪定)을 배웠노라.

내가 님의 품에 안길 때에 기쁨도 슬픔도 님과 나의 존재도 잊을 때에

거기서 나는 지혜(智慧)를 배웠노라.

아, 이제야 알았노라. 님은 이 몸께 바라밀을 가르치려고

짐짓 애인의 몸을 나투신 부처시라고.

익히 알고 있는 시 구절이지요. 불교에서 설명하는 육바라밀의 정신을 얼마만큼 잘 반영시키고 있느냐 하는 문제는 차치하고 일상적인 언어를 구사하여 이만큼이라도 육바라밀을 손쉽게 알리고자 했던 춘원 선생의 열정만은 전달될 것 같은 느낌이 들어 소개했습니다.

무량수경

극락세계는 불자라면 누구나 할 것 없이 모두 가 보고 싶어하는 곳입니다. 더구나 그 극락세계를 건설하게 된 원인과 그곳에 가는 방법을 설한 경전이 있다면 꼭 읽어보고 싶어할 겁니다. 《무량수경》이 바로 그러한 경전입니다.

《무량수경》의 범어는 수카바티-뷰하(sukhāvati-vyūha)인데《아미타경》과 범본의 경명이 똑같기 때문에《아미타경》을 '소경(小經)'이라 부르고《무량수경》을 '대경(大經)'이라고 하며, 때로는《대무량수경》혹은 2권으로 구성되어 있다고 하여《쌍권경(雙卷經)》이라고도 부르고 있습니다.

《무량수경》은 여러 종류의 범본과 티베트 번역본 및 다섯 종류나 되는 한역본이 현존하고 있습니다. 특히 범본은 19세기에 들어와서 네팔 주재의 영국 공사에 의해 발견된 것으로서 14~5세기 무렵의 필사본으로 추정하고 있습니다. 티베트 번역본은 이보다 훨씬 앞선 8세기경에 이루어진 것입니다. 또한 다섯 종류의 한역본 중에서는 강승개가 번역한 《무량수경》이 가장 널리 유포되고 있습니다.

중국과 우리나라 그리고 일본의 정토사상은 《관무량수경》을 비롯하여 정토삼부경이 중심을 이루고 있는데, 현존하는 《무량수경》의 수많은 주석서를 볼 때 그 중에서도 특히 《무량수경》이 구심점을 이루고 있다고 하여도 지나친 말이 아닙니다.

《무량수경》의 구성은 전체가 4장으로 이루어져 있는데, 제1장은 아미타불이 극락정토를 건설하게 된 원인과 그 과보를 설하고 있습니다. 다시 말하면 과거세에 세자왕여래(世自王如來)가 주석하고 있을 때, 그 나라의 국왕이 출가하여 법장비구가 되었는데 그는 이상적인 극락세계를 건설하겠다는 원력을 세우게 됩니다. 구체적으로는 48대원이라 부르는 서원인데 법장비구는 '만약 48대원이 성취되지 않으면 결코 성불하지 않겠다'고 서원하고 바라밀행을 닦아 가는 내용입니다.

그 중에서 가장 대표적인 것이 제18 십념왕생원(十念往生願)인데, 이때 십념을 어떻게 받아들이느냐 하는 문제, 즉 '숫자상으로 열 번의 염불을 말하느냐?' 아니면 '관념(觀念)의 십념상속(十念相續)을 말하느냐' 하는 문제를 놓고 옛날부터 논란이 계속되고 있습니다. 그러나 그 어느 쪽이든 아미타불을 염(念)해야 한다는 데는 이의가 없습니다.

제2장은 법장비구가 성불하여 아미타불이 되었다는 것과 그가 서원한 대로 서쪽으로 십만억 국토를 지나서 안락이라는 정토를 건설하였다는 내용입니다. 여기서 그가 성불하였다는 것은 이미 48대원을 모두 성취하였다는 것을 의미하고 있습니다.

이 안락정토에는 아미타불을 위시하여 수많은 보살들이 함께 살고 있고, 그 나라에 들어서면 칠보로 된 보배나무는 미풍이 불 때마다 미묘한 법음(法音)을 연주하고, 황금 궁전에는 연꽃들이 피어 만발하고, 그 속은 팔공덕수(八功德水)로 가득 차 있다고 묘사하고 있습니다.

여기서 극락정토를 모든 더러움을 떠난 청정한 곳이어

야 함에도 불구하고 탐욕을 상징하는 칠보니, 황금이니 하는 오욕의 냄새가 물씬 풍기는 장소로 묘사하고 있는 것은 좀 모순이 아닌가 하는 느낌도 들지만 오히려 역설적 표현이 아닌가 싶습니다.

그리고 제3장에서는 중생들이 극락세계에 왕생하는 원인과 그 과보를 설하고 있는데, 누구든지 아미타불을 믿고 그 이름만 부르면 곧바로 정토에 태어나게 된다는 것입니다. 선인과 악인, 현명한 이와 어리석은 이를 막론하고 누구나 할 것 없이 일심(一心)으로 염불하면 임종 때에 아미타불이 그를 찾아 와 정토로 인도해 간다고 설하고 있습니다.

또 극락에 태어나기를 원하는 사람을 근기와 수행에 따라 상배(上輩) · 중배(中輩) · 하배(下輩)로 나누고, 각각 염불을 중심으로 하는 여러 가지 수행방법과 왕생할 수 있는 방법을 타력신앙을 바탕으로 제시하고 있습니다.

제4장은 인과를 믿지 않는 이는 그 과보로 사후에 지옥에 떨어지고 또한 반신반의하는 사람들은 변지(邊地)에 태어나서 5백 년이 지나야만 왕생할 수 있다고 설하는 내용입니다.

말하자면 전반은 서술적이고 시각적인 반면 후반은 신

왕초보, 경전박사 되다

앙적이고 관념적으로 서술되어 있다고 할 수 있습니다. 요컨대《무량수경》은 아미타불이 과거세에 법장비구로 있었을 때 세운 48대원과 현세에서의 정토사상이 조화를 이루면서 그 실천을 설명하는 경전입니다.

미륵삼부경

彌勒三部經

우리는 어두운 밤을 위하여 전깃불을 밝혀 두고, 비오는 날을 위해 우산을 준비해 둡니다. 그리고 계절이 바뀌는 것에 대비하여 철에 맞는 옷가지도 마련해 둡니다. 그렇다면 '내 자신이 돌아갈 미래를 위해서는 과연 무엇을 준비하고 있는가'라는 질문도 가질 수 있을 겁니다.

만약 우리들의 미래 세계를 위하여 수행을 하시고 또 우리를 기다려 주시는 부처님이 계시다면 한 번 만나 보고 싶지 않으십니까? 바로 금산사 미륵전의 미륵부처님, 법주사의 청동 미륵부처님, 관촉사의 미륵부처님이 그분들입니다. 이외에도 우리나라에는 현재 백여 곳이 넘는 미륵도량이 산재하고 있습니다. 뿐만 아니라 신라시대부터 화랑들은 바로 자신들이 미륵의 화현이라고 믿어왔으며, 나아가서는 오늘날에도 미륵신앙과 관련된 많은 신흥종교들이 생겨나고 있습니다.

이러한 미륵부처님이 언제 어떻게 우리들을 제도해 주실 것인가에 대해서 설해 놓은 경전이 다름 아닌 《미륵삼부경》입니다.

'미륵' 이란 범어로는 '마이트레야(Maitreya)' 인데 원래 자비롭다는 뜻인 '마이트리(maitri)' 에서 따왔기 때문에 자씨(慈氏) 또는 자존(慈尊)이라고 번역되고 있습니다.

그리하여 미륵은 미래세의 부처님이시기 때문에 현재는 보살로서 도솔천에서 수행하며 그곳 중생들을 위해 설법하고 계시다가 56억 7천만 년 후, 사바세계에 하생하여 용화수 아래에서 세 번의 설법으로 모든 중생들을 제도한다고 합니다.

미륵 관련 경전들의 범어 원전은 현존하지 않으나, 한역된 경전은 여섯 종류가 있는데 내용상으로는 세 종류이기 때문에 '삼부경' 이라고 부르고 있습니다. 즉 《미륵보살상

생경(彌勒菩薩上生經)》과 《미륵보살하생경(彌勒菩薩下生
經)》 그리고 《미륵보살성불경(彌勒菩薩成佛經)》이 그것입
니다.

좀더 자세히 설명하면 《미륵상생경》은 저거경성이 455
년에 번역하였는데 '미륵삼부경' 중에서 가장 늦게 성립한
경전입니다. 그 내용은 우바리존자가 부처님께 청법함으로
써 설법이 시작되는데 저 아름다운 도솔천궁의 모습과 미
륵보살이 도솔천궁에 화생하는 모습 그리고 미륵보살에게
귀의 · 예배하는 공덕과 도솔천에 태어나기 위한 십선행(十
善行) 등이 설해져 있습니다.

그리고 《미륵하생경》은 축법호가 308년에 한역하였는
데 가장 일찍이 성립된 것이며 아난존자의 청법으로 경전
이 시작되고 미륵불의 탄생 · 성도 · 설법이 차례로 기술되
어 있습니다.

마지막으로 《미륵성불경》은 구마라집이 408년에 번역
하였는데, 사리불존자와 범천이 다 같이 부처님께 청법하
고 있습니다. 그 내용은 《미륵하생경》과 거의 유사한데 다
만 조금 더 자세할 뿐이지요. 다시 말하면 《미륵하생경》에
서 언급되지 않은 미륵불의 초전법륜이라든가 미륵불의 신

통력에 관한 기술과 미륵불의 석가세존에 대한 찬탄 등이 상세히 설해져 있습니다.

이와 같이 《미륵삼부경》의 내용은 미륵보살에 대한 신앙과 십선행의 실천을 통하여 도솔천에 왕생하고자 하는 왕생사상과 용화세계를 사바세계에 구현하려 하는 사상입니다. 또 모든 대승경전이 그러하듯이 궁극적으로는 깨달음을 향한 정진만이 윤회에서 벗어날 수 있는 유일한 길임을 제시하고 있습니다.

그러한 예로 가섭존자가 오랜 세월 동안 열반에 들지 않고 두타행을 닦으며 미륵불을 기다리다가 미륵불을 만나 승가리를 전해 주고 반열반(般涅槃)에 들어가는 내용도 바로 그것을 잘 대변해 주는 대목입니다.

따라서 미륵삼부경을 보면 미륵신앙은 두 가지 형태임을 알 수 있습니다. 그 하나는 우리가 죽은 뒤 도솔천에 태어났다가 그 후 미륵보살이 하생할 때 같이 내려와 용화회상의 세 번의 설법에 참가해 미륵부처님을 뵙고 구원받기를 원하는 미륵상생신앙이고, 또 하나는 도솔상생을 하지 않고, 다만 미래세 용화회상의 설법에 참가해 구원받기를 원하는 미륵하생신앙이 바로 그것입니다. 그래서 미륵하생신앙을 담고 있는《미륵하생경》과《미륵성불경》은 석가모니 부처님께서 미래에 일어날 일을 예언하신 내용이기 때문에 서술방법이 미래시제로 되어 있습니다.

사실 높고 맑은 하늘은 누가 보더라도 맑으며, 따뜻한 태양은 누구에게나 따사롭게 느껴지듯이 우리들의 마음도 이와 같이 긍정적으로 받아들이면 수용하지 못할 것은 없다고 생각됩니다. 그처럼 우리가 도솔천에 나고자 하는 일념과 미륵보살에 대한 귀의 그리고 십선행의 실천 등이 수반될 때만이 미륵보살은 미래불일 수가 있다는 사실이 무엇보다 중요하다고 하겠습니다. 왜냐하면 방편이 아무리 많다 하더라도 우리의 목표는 어디까지나 성불 이외에 그 어떤 것도 아니기 때문입니다.

《미륵삼부경》에 근거한 미륵신앙이 우리에게 주고자 하는 참다운 의미는 결국 성불하라는 것입니다. 그때는 미륵불의 복력과 인간들의 복력이 수승하여 사람의 마음이 청정할 뿐만 아니라 자연환경도 전혀 무공해라는 겁니다. 또한 사람의 수명도 길고, 생로병사의 무상함도 없으며 오직 선정과 지혜로써 생활할 뿐이라고 합니다.

이와 같이 이루어진 세계를 흔히 미륵정토, 또는 용화

왕초보, 경전박사 되다

세계라고 하지요. 이렇게 미륵불은 도솔천에 영원히 머물러 있는 것이 아니라 고통이 많은 사바세계에 몸소 하강하여 무지한 인간을 계몽하여 보살이 되도록 인도해 주십니다.

밀린다왕문경

흔히 우리나라에는 토론문화가 발달하지 못하였다고들 합니다. 사실 토론이란 우리네 한국인들의 전통적 사고방식이나 정서에서 본다면 부합되지 않은 면이 많기 때문이지요. 모든 인간관계에서 위계질서를 중시하고, 그에 따른 예의범절을 지키는 것을 인간된 도리로 생각하는 사회에는 토론문화가 발달하기란 어려울 수밖에 없었을지도 모릅니다.

그러나 토론은 민주주의 체제에 가장 적합한 의견교환 방식입니다. 서로가 대등한 입장과 관계에서 순전히 합리적인 논리만을 가지고 상대방을 설득하는 것이기 때문입니다. 왜 갑자기 토론 이야기를 꺼내느냐고요?《밀린다왕문경(彌蘭陀王問經)》이 바로 토론을 주제로 하여 설해진 경전이기 때문입니다.

《밀린다왕문경》은 기원전 2세기 중엽 인도의 서북부를 통치하던 그리스계 국왕인 메난드로스 즉 밀린다(Milinda)왕과 인도불교를 대표하는 고승 나가세나(Nagasena) 즉 나선스님과의 대론이 경전의 내용입니다. 우선 성립배경부터 살펴보겠습니다.

《밀린다왕문경》은 팔리어로는 '밀린다 팡하(Milinda-pangha)' 즉 '밀린다의 물음'이란 뜻인데 한역에서는《나선비구경(那先比丘經)》이라고 번역하였습니다. 즉 팔리어본은 '밀린다왕'에게 초점을 맞추어서 붙인 경명이고, 한역본은 '나선스님'에게 초점을 맞춘 경명임을 알 수가 있습니다.

나가세나존자에게 불교의 제반문제를 질문하는 밀린다왕은 박트리아(Bactria) 왕조시대 사람입니다. 카스트의 신분제도를 부정하고 인간의 존엄성과 평등을 주장한 불교의 특성이 합리적인 사고방식을 가진 그리스인들에게 민족과 신분의 차이를 초월한 인생의 깊은 예지로 받아들였던 것입니다. 바로 이러한 배경이 두 사람을 토론으로 이끌고, 나아가서는《밀린다왕문경》의 성립을 가능케 한 원동력이 되었다고 볼 수 있습니다.

그런데 이 경은 남방불교인 스리랑카에서는 삼장에 넣지 않는 데 반하여 미얀마에서는 삼장 속에 포함시켜 경전으로서의 그 권위를 인정하고 있습니다. 그리고 팔리어본에는 세 종류의 이본(異本)이 있고, 한역본에는 권수가 다른 두 가지 이역본(異譯本)이 있지만 두 경전 모두가 번역자를 알 수 없고 중국 동진시대(317~420) 번역이라는 것만 밝혀져 있습니다.

나가세나존자에 관해서는《밀린다왕문경》에 나오는 '탄생과 출가'에 대한 기록 이외에는 스님의 전기에 관한 자료가 남아 있지 않아 자세히 알 수가 없습니다. 다만 분명한 것은 스님의 해박한 학식과 뛰어난 화술 그리고 풍부한 비유법과 명쾌한 답변 등은 타의 추종을 불허할 정도의 논사였다는 점입니다.

거기에 비해 대론자인 밀린다왕은 그리스인이 써놓은 전기가 있고 또 인도문헌에서도 그의 활동상황이 나타날 정도로 명성과 덕망을 갖춘 사람인 듯합니다. 그의 날카로

왕초보, 경전박사 되다

운 질문의 내용 등으로 미루어 볼 때 불교뿐만 아니라 철학·문학·예술 등 전반에 걸쳐 폭넓게 지식을 갖춘 지성인이자 능숙한 논쟁자였음을 알 수 있습니다.

그런데 《밀린다왕문경》에서는 두 사람의 전생인연에 대해서도 언급하고 있습니다. 그들은 전생에 갠지스 강변에 있는 한 사원에서 각각 사미승과 비구승이었는데 그들은 청소를 하던 중에 서로 말다툼을 하게 되었답니다. 비구승으로부터 꾸중을 들은 사미승은 '말재주가 뛰어난 사람으로 태어나기'를 서원하였고, 비구승은 '어려운 문제는 어떤 문제든 모두 풀 수 있는 사람이 되기'를 발원하였답니다. 여기서 사미승은 밀린다왕으로 비구승은 바로 나가세나존자로 태어나게 되었다고 경전에 소개되어 있습니다.

이와 같이 《밀린다왕문경》은 기원후 1세기경에 불교교단 내외에 제기되고 있었던 그리고 앞으로도 제기될 교리상의 어려운 문제를 중심으로 그 답을 주기 위해 만들어진 일종의 교리 문답서와도 같은 경전입니다. 다시 말하면 《밀린다왕문경》은 두 사람의 질의와 응답을 통해서 그리스적인 사유방법과 불교적인 사유방법의 차이를 일목요연하게 드러내는 경전이라 할 수 있습니다.

그러면 이 경전의 전체적 구성과 구체적인 내용을 설명하겠습니다.

먼저 경전을 살펴보면 전체가 네 편으로 구성되어 있고, 끝부분에서 왕의 질문이 304가지라고 밝히고 있는데 실제로는 236가지의 질문만이 실려 있습니다. 그리고 서장(序章)에는 당시의 이상적인 도시 샤갈라에 대한 문화를 간단히 소개하고, 곧 이어서 나가세나존자와 밀린다왕의 만남이 실로 전생으로부터 인연이 있었음을 밝힌 후, 나가세나존자의 탄생과 출가동기를 서술하고 있습니다.

제2장은 3일간이나 지속되는 두 사람의 대론을 소개하고 있습니다. 즉 밀린다왕이 평소에 가지고 있던 불교에 대한 의문들이 총망라되어 있는데 그 질문 내용이 다양하고도 구체적이며 실제적입니다.

제3장은 모순이 된다고 생각되는 부분만을 간추려서 존자에게 답변을 다그치는 소위 양도논법(兩刀論法)의 난문(難問)들입니다. 양도논법이란, 예를 들면 불교에서는 고정불변의 실체란 있을 수 없다는 대전제 아래 무아를 설명하는데, 그렇다면 과연 누가 윤회를 하고, 또 누가 과보를 받는가 하는 점에서 '무아와 윤회 이 두 교리는 서로 모순

왕초보, 경전박사 되다

되지 않느냐?'라고 몰아세우는 식의 토론방법을 말합니다. 어떻게 보면 이 두 이론은 절대로 양립할 수가 없고 또한 그렇다고 해서 이들 중 어느 한쪽을 버릴 수도 없습니다. 이와 같이 어느 쪽으로도 결정할 수 없는 진퇴양난의 상태에 빠지는 일종의 모순이론을 말합니다. 이러한 양도논법에 능숙했던 밀린다왕의 질문에도 나가세나존자는 거침없이 간명하고 명쾌하게 답변하고 있습니다.

제4장은 수행자가 지켜야 할 덕목과 기타 사항들로 이루어져 있습니다.

이들의 대론은 바로 토론으로 들어간 것은 아닙니다. 왜냐하면 나가세나존자가 밀린다왕에게 먼저 조건을 내걸었기 때문입니다. 존자는 "당신이 현자의 자격으로 대론을 하겠다면 내가 응하겠지만 만약 왕의 신분으로 임하겠다면 나는 응하지 않겠다."고 하였습니다.

그러자 "도대체 왕과 현자의 차이는 무엇인가?"라고 왕이 물었지요. 나가세나존자는 "현자(賢者)의 자격이라면 진리 앞에서 겸허해질 수가 있지만 만약 왕의 신분이라면 당신이 토론에서 졌을 때 승복하지 않을 것이기 때문"이라고 대답했습니다.

이 말을 들은 밀린다왕은 현자의 자격으로 임할 것을 약속하게 됩니다. 이처럼 나가세나존자가 당당하게 자기 주장을 분명히 말하는 점과 또한 최고 권력자임에도 불구하고 물러설 줄 아는 밀린다왕의 도량은 참으로 배워야 할 점이라고 할 것입니다.

이와 같은 전초전을 겪은 후에 드디어 토론이 시작되었던 것입니다. 그러면 여기서 한 가지를 소개해 보겠습니다.

왕 : 열반이란 분명 있는 것입니까?

존자 : 먼저 묻겠습니다. 허공이란 있습니까?

왕 : 네 있습니다.

존자 : 그렇다면 허공을 빛이나 소리로 보여 주십시오.

왕 : 허공은 손으로 만질 수도 소리로 들을 수도 없지만 허공은 있습니다.

존자 : 마찬가지입니다. 허공과 같이 열반도 빛과 소리로 드러낼 수는 없지만 분명히 있습니다.

왕 : 잘 알겠습니다.

이와 같이 불교의 광범위한 주제를 다루면서도 부파불

교의 논서처럼 난해하지도 않고 또 한쪽에 치우치는 학파적인 성격도 없이 어디까지나 불교의 보편성과 합리성을 잘 드러내 주고 있습니다.

이외에도 심리론 · 해탈론 · 수행론 등 부파불교에서 관심을 가지고 연구하던 분야들도 상당부분 포함되어 있어 당시의 교리 수준을 짐작케 해 주고 있습니다. 그리고 또 한 가지 알고 넘어가야 할 것은 당시 인도에서 제일가는 논사인 세친보살이《구사론》을 저술하면서 이 경전을 인용하고 있다는 점만 보더라도 얼마만큼 논리적인 체계 위에서 성립된 경전인가를 알 수가 있습니다.

반야심경

般若心經

　부처님의 팔만사천 법문 가운데 가장 간결한 경전인 동시에 우리 불자님들이 제일 많이 독송하는 경전이 바로《반야심경》입니다.《반야심경》은 여러 가지 반야계 경전의 요지를 줄이고 줄여서 핵심만을 농축시켜 놓은 경전입니다. 그렇기 때문에 불자님들의 삶의 태도와 생활방식을 어떻게 해야 하는가 하는 방향제시까지 가르쳐 주고 있는 경전이라고 할 수 있습니다.

　원래 이 경은《마하반야바라밀다심경》이라는 긴 경명을 가지고 있지만 보통《반야심경》혹은《심경》이라고 줄여서 부르고 있습니다.

범본의 원전은 광본(廣本)과 약본(略本)의 두 종류가 있는데 내용상으로 큰 차이점은 없지만, 전자에는 서론·본론·결론이 다 갖추어져 있는 반면에 약본은 명칭 그대로 본론만을 기술하고 있습니다. 그리고 한역은 여러 번 시도되었으나 현존하고 있는 것은 일곱 종류이고 그 중에서 우리가 독송하고 있는 《반야심경》은 바로 현장법사가 번역(650년경)한 것입니다.

《반야심경》의 구성체계는 예를 들자면 아주 정교한 구조물을 보는 것과도 같습니다. 즉 1층에 해당하는 입의분(入義分)은 전체 내용의 뜻을 밝히는 부분으로, 반야바라밀을 행하여 오온이 다 공한 것임을 터득하면 일체 모든 고통을 해소할 수가 있다는 내용입니다. 다시 말해서 반야의 실천은 바로 고를 해소하는 힘이 있다는 뜻이지요.

2층에 해당하는 파사분(破邪分)은 잘못된 인식을 깨뜨리기 위해서는 반야의 공관(空觀)으로 비춰 보아야 하는데 그렇게 하면 모든 물질현상이 공이고 공이 또한 일체의 현상이 됨을 설명하고 있습니다.

3층에 해당하는 공능분(功能分)은 지혜의 눈으로 일체

의 현상이 공한 것임을 봄으로써 나타나는 경지를 드러내고 있습니다.

4층에 해당하는 총결분(總結分)은 전체의 결론 부분인데 지혜로써 저 언덕을 건너가는 이치가 그대로 진리의 참모습임을 밝히고 있습니다.

그러나 또 한편에서는 크게 이분(二分)하여 설명하는 간단한 방법도 있습니다. 즉 현설(顯說)은 내용이 드러난 부분이고, 밀설(密說)은 비밀스럽게 전하는 내용으로 맨 마지막의 주문이 여기에 해당합니다. 따라서 주문 이외는 모두가 현설인 셈입니다.

이렇게《반야심경》의 중심사상은 바로 존재의 실체를 파헤치는 공사상입니다. 따라서 삼라만상의 실체란 본래가 공한 것으로서 인연에 따라 잠시 생겨난 것이기 때문에 모든 현상을 텅 빈 것으로 보고 있습니다. 그런데 우리들이 존재의 실상을 실상대로 보지 못하기 때문에 거기에서 온갖 괴로움이 생겨난다는 것입니다.

그러므로《반야심경》에서는 우리의 몸과 마음을 텅 빈 것으로 보라고 가르치고 있습니다. '나'라고 하는 실체는 텅 빈 것이므로 그 텅 빈 공간을 무엇으로 채우느냐에 따라

왕초보, 경전박사 되다

서 우리 인생의 행로가 달라진다는 의미입니다. 그러나 실체가 없다고 하여 사물을 완전히 부정하자는 것은 아닙니다. 모든 사물의 무상함 즉 변해가는 성질과 상태를 바로 보고 이해하자는 말입니다.

즉 모든 것은 실체가 없는 것이므로 무엇인가를 알려고 한다든가 무엇인가를 얻으려고 하는 관념조차 가져서는 안 된다는 것입니다. 알고 싶고, 얻고 싶은 것이 본래부터 없는 것이기 때문에 그러한 마음을 일으키지 않고, 반야바라밀에 안주시키는 것을 '지혜의 완성'이라고 합니다. 그러나 완성이라고 해서 극한적인 완성이 아니라 지속되어 가는 완성으로 종착역이 없는 완성인 것입니다.

예를 들면 자전거를 배우는 것과 같다고나 할까요. 처음엔 서툴지만 나중에 잘 탈 수 있게 되더라도〔완성〕 페달을 밟는 일〔수행〕을 멈춘다면 넘어져 버리기 때문에 결코 끝남의 완성이 아니라 지속되는 완성의 의미를 말합니다.

'반야바라밀'에 대해서는《대품반야경》과《소품반야경》에서 설명하기 때문에 여기서는 약칭인 '심경'에 대한 설명만 드리겠습니다. 마음(心)에 해당하는 범어인 흐리다야(hṛdāya)는 심장을 의미하는데, 다시 말하자면 수많은 경전 가운데서 심장에 해당하는 경전이 바로 《반야심경》이라는 것입니다.

대승불교 가르침의 본질적인 요소가 응축되어 있다는 의미에서 보면 심(心)은 중심·본질·진수(眞髓)라는 뜻도 담겨 있습니다. 즉 육체적인 심장을 정신적인 마음으로 비유한 것은 불교에서 육체와 마음을 구별하지 않고, 양자 일여(兩者一如)의 입장에서 이해하기 때문이지요.

인도에서는 옛날부터 생명은 심장에 있다고 생각하였고, 중국어의 심장이라는 말도 마음이 심장에 있다고 하는 생각과 일치하고 있습니다.

따라서 반야바라밀다에 안주하는 사람은 사물에 마음을 빼앗겨 미혹에 빠지는 일이 없고, 마음에 미혹함이 없기 때문에 사물을 거꾸로 본다는 일도 없게 되는데, 즉 착각이 없어지는 것입니다. 그러므로 그 사람은 영원한 편안함에 안주하게 된다고 경전은 설하고 있습니다.

그리고 《반야심경》에는 공(空)이라는 글자 이상으로 무(無)라는 글자도 많이 나옵니다. 이 무(無)의 뜻은 그 뒤에 나오는 구절의 의미를 부정하는 데 목적이 있지만, 그러나 이것은 단순한 부정이 아니라 그 어떠한 대상과 사물에도

왕초보, 경전박사 되다

걸림이 없을 때의 상태를 가리키는 것이고 그렇기 때문에
오히려 긍정하는 입장에서의 부정적 표현으로 이해하셔야
될 것입니다.

반야이취경

般若理趣經

한 제자가 스승에게 새롭다는 뜻이 뭐냐고 물었습니다. 그러자 스승은 이렇게 대답했습니다. "눈에 보이는 것이 모두 사랑의 대상이 될 때다." 즉 새로워진다는 것은 날마다 매순간마다 사랑의 대상을 구체화시키는 일이라는 의미로 이해됩니다.

우리들의 현실적인 욕망조차 그대로 절대적 세계〔진여〕에 뒷받침된 진실이기 때문에 본질적으로 청정하다고 보는 경전이 있는데, 바로 밀교계 경전인 《반야이취경》입니다.

불교에서 금기시하는 욕망이라든가 탐욕심에 대한 특이

한 해석으로 인해 이 경전은 객관적으로 설명하기가 조금 난해하고 또한 잘못하면 오해를 살 수 있는 소지도 다분히 있는 경전입니다.

《반야이취경》은 우리나라에서는 그다지 독송되고 있지 않는 편이나, 일본 진언종(眞言宗)에서는 조석예불 때나 법요식 때마다 독송하고 있는 경전입니다.

현재 다섯 종류의 번역본이 있는데 불공 삼장이 번역한 《대락금강불공진실삼마야경반야바라밀다이취품(大樂金剛不空眞實三摩耶經般若波羅蜜多理趣品)》을 주로 독송하고 있습니다. 다른 이역(異譯)으로서는 현장이 번역한《대품반야》에도 실려 있고, 보리유지의《실상반야바라밀경(實相般若波羅蜜經)》과 금강지의《금강정유가이취반야경(金剛頂瑜伽理趣般若經)》 그리고 시호의《변조반야바라밀경(遍照般若波羅蜜經)》과 법현의《최상근본금강불공삼매대교왕경(最上根本金剛不空三昧大敎王經)》에 각기 한 품으로 실려 있습니다.

이 경전의 전체 대의는 지법신(智法身)인 대일여래가 금강살타를 위하여 반야이취(般若理趣)의 입장에서 일체의 제법은 본래부터 자성청정(自性淸淨)하다는 것을 강조한 것입니다. 다시 말하면 진언을 행하는 자가 입단(入壇) 입법(入法)하여 삼밀의 묘행을 닦으면 자신이 본래 갖추고 있는 정보리심(淨菩提心)을 각성하기 시작하는데, 이렇게 정보리심을 일으키는 사람은 모두 금강살타라고 칭하는 것입니다. 즉 이 금강살타의 삼매를 17단으로 나누어서 밝히고 있는 것이 바로 이 경전의 내용입니다.

따라서 이 경전은 1권 17품으로 구성되어 있는데, 그 중에서 가장 중요한 제1대락불공금강살타초집회품(大樂不空金剛薩埵初集會品)을 살펴보면 비로자나여래가 금강살타 등 팔대 보살을 상대로 설하는 '십칠청정구(十七淸淨句)'의 대락(大樂)사상이 골간으로 되어 있습니다. 특히 여기에서는 인간의 일체 욕망까지도 긍정적으로 받아들이고 있고 심지어는 성욕조차도 청정한 보살위(菩薩位)라고 대담하게 표현하고 있습니다. 바로 이러한 인간의 욕망을 단순하게 악으로 부정하지 않고 반야의 지혜를 통하여 가치를 전환시킴으로써 절대화한다는 점에서 《반야이취경》의 현실긍정적 의미가 있다고 하겠습니다.

좀더 구체적으로 설명하자면 현실적 존재인 우리들과 최고 진실로서의 부처님과의 일치융합을 양성(兩性)의 교

왕초보, 경전박사 되다

섭에서 생겨나는 열락(悅樂)에 비유하고, 이를 불범일체(佛凡一體)의 불이(不二)의 경지라고 하여 대락(大樂) 또는 적열(適悅)로 표현하고 있습니다. 이러한 적극적인 현실긍정의 가르침은 대승불교의 '번뇌 즉 보리', '생사 즉 열반'의 사상을 좀더 발전적으로 해석한 것이며, 그것을 통하여 현실성을 가지게끔 하였다고 볼 수 있겠습니다.

그리고 밀교학계의 다음과 같은 설명도 이 경전의 이해에 도움이 될 것입니다. "대승경전 가운데서도 금강과 같은 것, 즉 가장 최종적이고 가장 궁극적인 것을 스스로 인정하게 하는 경전으로서 종래에 없는 솔직한 표현을 가지고 인간존재, 특히 그 존재형식의 기본인 남녀간의 애욕을 긍정적으로 받아들인 경전"이라는 해석이 그것입니다.

여기서 애욕이라는 것은 넓게는 탐욕심에 포함된다고 할 것입니다. 바로 《이취경》에서는 이러한 탐욕심까지도 본래부터 청정하다고 설하고 있습니다. 그래서 《이취경》에서는 현재 자기의 '탐욕심'을 냉정하게 관찰하여, 이 탐욕심을 타인에 대한 자비심에 바탕을 둔 실천행으로 전환시켜 한 단계 한 단계씩 정화시켜 가야 한다고 강조하고 있는 것입니다.

그리고 《이취경》에는 '백자게(百字偈)'가 나오는데 글자 그대로 백 개의 글자로 경전 전체의 내용을 담고 있는 게송입니다. 이 백자게는 법요식 등에서 시간이 많이 소요될 때 '권청구(勸請句)'에서 곧바로 '백자게'로 옮겨서 독송되고 있는 편리한 게송입니다. 그 가운데서 한 구절만을 소개해 드리겠습니다.

　　　연화의 체는 본래부터 더러움을 싫어하여
　　　더러움에 물 드는 일이 없는 것과 마찬가지로
　　　제욕(諸欲)의 본성도 또한 그러하다.

반주삼매경

　새로운 천년의 시작이라는 2000년의 출발을 맞이하여 온 나라뿐만 아니라 전 세계가 떠들썩하게 부산을 떨던 적이 있었습니다. 그러나 이 모두가 우리 인간들이 만들어 놓은 시간개념의 장난일 뿐, 우주와 자연은 언제나 변함없이 그대로입니다.

　그런데도 마치 새로운 세상이 시작되기라도 하듯이 60억 인구가 야단법석을 떨었지요. 오히려 그런 때일수록 마음을 가다듬고 자신의 정체성을 살펴보아야 하지 않을까요.

경전 중에는 자기 자신을 성찰해 보라고 하는 경전이 참으로 많습니다. 그 중에서 《반주삼매경》은 자신의 본원적 반야를 찾아 얻게끔 하는 초기의 대승경전입니다.

대부분 대승경전은 부처님께서 삼매에 드셨다가 출정하신 후에 설하신 것으로 되어 있습니다. 그렇기 때문에 삼매라는 용어가 새삼스러울 것은 없지만 이와 같이 경의 제목에 삼매를 사용한 경전은 그다지 많지 않습니다.

그 의미를 보면 《반주삼매경》의 반주(般舟)란 불립(佛立)을 의미하는데, 다시 말하면 내 마음 속에 부처님을 세운다는 뜻이지요. 그러므로 삼매를 얻으면 시방의 부처님이 바로 내 마음에, 내 눈앞에 서 계심을 보게 된다는 것입니다.

《반주삼매경》의 산스크리트본은 현재 산실되어 버리고, 현존하는 한역본은 네 가지가 있는데 그 중에서 후한의 지루가참이 번역한 세 권본이 가장 유명합니다.

그런데 2세기경에 중국에 들어온 역경승 안세고는 소승경전류를 중점으로 번역하였고, 지루가참은 《도행반야경(道行般若經)》을 비롯하여 반야경전류를 중심으로 번역을 하였는데, 중국인들은 석가모니 부처님만을 알고 지내다가

왕초보, 경전박사 되다

《반주삼매경》이 번역되므로 비로소 아미타불의 존재를 알게 되었다고 합니다.

그리고 동진의 혜원스님이 동림사에서 백련결사를 할 때 《반주삼매경》에 의지하였기 때문에 염불결사의 효시로써 후대에 미친 영향 또한 지대합니다. 더구나 이 경전은 중국에서 관음신앙이 급속도로 유포되는 데 일조를 하기도 했습니다.

그러면 구체적인 경전의 내용을 설명하겠습니다.

이 경전은 전체가 16품으로 나누어져 있는데, 제1문사품(問事品)에서는 보살이 어떤 삼매를 닦아야 수미산과 같은 지혜를 얻을 수 있으며, 또한 부처님을 친견할 수 있느냐는 질문에 바로 이 반주삼매를 닦을 것을 권하고 있습니다.

그 다음 제2행품(行品)에서는 어떤 법을 지녀야 아미타불의 국토에 태어날 수 있는가에 대한 답변으로 아미타불의 억념(憶念)을 강조하고 있는데, 이 경전을 정토경전의 선구(先驅)라고 하는 이유도 바로 여기에 있습니다.

이어서 제3사사품(四事品)에서는 보살이 반주삼매에 들어갈 수 있는 방법으로 믿음과 정진 그리고 지혜와 선지식에 대한 존경이라는 네 가지 사법(事法)을 들고 있습니다.

이어지는 여러 품에서도 한결같이 반주삼매를 중심으로 하여 설하고 있는데, 예를 들면 과거의 여러 부처님을 비롯해서 연등불까지도 바로 이 삼매를 통해서 성불을 하였으며, 반주삼매를 닦는 것만이 곧 견불(見佛)이고 또한 반야개공(般若皆空)과 다르지 않다고 설명하고 있습니다. 그리고 이 반주삼매를 닦는 길은 참으로 어려우나 서사(書寫)·수지(受持)·유포(流布)할 것을 권하면서 아울러 그 공덕까지 설하고 있습니다.

이와 같이 《반주삼매경》은 자력적 입장이라 할 수 있는 반야와 타력적 입장이라고 할 수 있는 염불, 다시 말하면 불교의 근간이 되고 있는 지혜와 그 실천을 설명한 초기 대승경전입니다.

사실 서민들의 입장에서는 보이는 존재에 대한 유한성과 한계를 초월하여 영원성을 추구하기 쉽습니다. 그래서 그러한 영원성에 안주하려는 인간의 본성이 곧 석가모니불에 대한 존경심과 숭배관념이 되고 그에 편승하여 항상 부처님을 생각하는 관상(觀想)염불과 칭명(稱名)염불로 정착한 것입니다. 그리고 반야로서 정리된 수행법을 천명한 점이 중요하다고 하겠습니다.

왕초보, 경전박사 되다

이와 같이《반주삼매경》은 복잡하고 술렁대는 사회 분위기 속에서 자기 자신을 성찰해 보고자 하는 마음이 일어날 때 일독을 권하고 싶은 경전입니다.

| 백 가지의 교훈 |

백유경

百喻經

경전은 가장 풍부한 자산을 가진 비유문학의 보고(寶庫)라 할 수 있는데 그 대표적인 경전 가운데 하나가 바로 《백유경(百喻經)》입니다. 사실 우리 중생들에게 심오하고 난해한 가르침을 보다 쉽게 이해시키고 재미있게 깨우쳐 주는 데는 비유보다 더 효과적인 수단은 없을 것입니다.

비유문학의 가장 소박한 매력은 일상의 언어감각을 전복시키는 날카로움에 있듯이 《백유경》도 일상적인 나태함을 일격에 부숴버리는 강한 느낌의 진동, 탄복을 자아내게 하는 표현의 정확성 그리고 무릎을 치게 하는 공감대의 형

왕초보, 경전박사 되다

성 등을 끊임없이 느끼게 해 주고 있습니다.

하지만 너무 비유의 이야기에만 매달리다 보면 본질을 꿰뚫어보지 못하고 현상에 치우쳐서 정작 《백유경》이 전하고자 하는 교훈을 놓치게 되는 경우가 많습니다.

《백유경》은 인도의 서민들 사이에 전해 내려오는 재미있는 이야기를 모은 것입니다. 다시 말해서 인도 사문인 상가세나가 민중 사이에서 회자되고 있던 이야기를 토대로 하여 수행에 귀감이 되는 교훈을 곁들여서 정리한 것인데 그의 제자인 구나브릿디가 492년에 한문으로 번역하였습니다.

이 경의 범어 명칭은 우파마사타카 수트라(Upamā-śataka-sūtra)인데 이를 한역하면 치화만(痴華鬘)입니다. 어리석은 사람을 제도하기 위한 화만, 즉 꽃다발이란 뜻이지요. 다시 말해서 지혜에 아직 눈뜨지 못한 사람들에게는 심오한 불교교리를 그대로 설하는 것보다 오히려 예쁜 꽃다발의 화환을 만들어 눈에 보이게 하듯이 부처님의 가르침을 비유로써 보다 쉽게 이해할 수 있도록 구성한 비유문학의 대표적인 경전입니다.

이 경은 《백구비유경(百句譬喩經)》이라고도 부르듯이 백 가지(실제로는 98가지)의 비유로써 불교의 실천도를 설하고 있습니다. 구체적인 분류로는 일반 대중을 위한 것 칠십 가지를 비롯하여 왕을 위한 것 한 가지, 출가자를 위한 것 여섯 가지, 출가자와 대중을 위한 것 네 가지, 외도(外道)를 위한 것 열세 가지, 교법에 관한 것 네 가지 도합 아흔여덟 가지로 이루어져 있습니다.

예를 들면 사이가 좋지 않은 두 제자의 질투와 시기심으로 인해 스승의 양쪽 다리가 부러지는 비유, 도를 이루는 데 교단의 화합이 절반 정도의 역할을 차지하느냐고 묻는 아난존자의 물음에 '화합은 도를 이루는 전부'라고 하신 부처님의 말씀은 화합하는 일이 얼마나 중요한지 오늘날의 교단에도 시사하는 바가 크다고 하겠습니다.

또한 아내의 코를 예쁘게 하려고 남의 코를 갖다 붙이려다가 그만 사랑하는 아내를 코 없는 흉한 얼굴로 만들어 버린 어리석은 남자의 비유는 우리들로 하여금 자신의 것에 만족할 줄 아는 인간이 되라는 가르침인 듯 싶습니다. 아울러 서양식 잣대로 동양을 잰다든가 동양식 기준으로 서양을 평가하려는 어리석음을 범하고 있지나 않는지 되돌아볼 일입니다.

그리고 유명한 '뱀의 머리와 꼬리'라는 비유도 여기에

왕초보, 경전박사 되다

나오고 있습니다. 어느 날 뱀의 꼬리는 길을 갈 때 언제나 머리가 앞서는 것에 불만을 품고 머리에게 오늘은 자신이 앞장서서 가겠다고 했습니다. 그러나 뱀의 머리는 말도 안된다고 하고서 늘 하던 대로 앞장서서 가자, 꼬리는 나무를 칭칭 감고서 풀지 않았습니다. 할 수 없이 머리는 꼬리에게 앞자리를 양보하였지요. 그러나 눈이 없는 꼬리는 앞장 서서 가다가 그만 불구덩이에 빠져 타 죽고 말았다는 내용입니다. 각자의 역할과 분수를 지키지 않은 결과가 어떠한가를 가르쳐 주고 있습니다.

마찬가지로 보수와 진보가 서로를 부정하며 조화를 이루지 못할 때 그 사회는 혼란해지지만, 서로를 긍정하며 조화를 찾을 때 개인적으로는 자유와 행복을 누리고 사회적으로는 창조와 평화를 창출하게 됩니다. 우리들도 맡은 바의 역할을 모두 그답게 묵묵히 행동해 간다면 아무런 문제가 없을 겁니다. 가령 선생은 선생답게, 학생은 학생답게, 사장은 사장답게, 직원은 직원답게, 엄마는 엄마답게, 자식은 자식답게, 불자는 불자답게 자신의 위치에서 자기가 해야 할 일을 성실히 실천해 가는 자세가 아쉬운 오늘날 가슴깊이 새겨야 할 비유라고 하겠습니다.

이처럼 쉽고도 의미있는 비유로써 우리들을 깨우쳐 주고 있는 경전이 바로 《백유경》입니다. 따라서 우리가 이러한 내용을 접할 때에는 비현실적인 허구성이라고 일축해 버릴 것이 아니라 그 비유가 의도하고 있는 뜻이 무엇인가를 음미해야 할 것입니다.

범망경

교계의 어느 신문사에서 오계(五戒)에 대한 설문조사를 한 결과, 오계 가운데 가장 실천하기 어려운 것이 '거짓말 하지 말라'는 망어(妄語)라고 대답하였고, 또한 타인에게 지키라고 권하고 싶은 계도 바로 망어였다고 합니다. 이는 말의 홍수 속에서 살아가고 있는 우리들에게 많은 것을 시사해 주는 결과라고 하겠습니다.

이러한 설문조사를 계기로 해서 계(戒)의 의미를 다시 한 번 생각하게 되는데 불교에서 '오계'를 비롯한 모든 계율은 반드시 구속적인 의미만 있는 것은 결코 아닙니다. 가

령 사회의 법률도 구속적인 점만 부각되는 면이 없지 않으
나 실은 법률이 있음으로써 우리들 개개인의 자유가 오히
려 보장받는 점이 더 크다고 할 수 있는 것과 같습니다.

그런 의미에서 불교의 계율을 소개하는 경전인《범망경》
의 의미는 자못 크다고 할 수 있습니다. 이 경은 이 책에서
소개하는 경전들에서 설해지는 모든 부처님의 말씀을 잘
지키겠다는 결의와 다짐으로 그 내용이 이루어져 있기 때
문이지요.

더구나 경명의 '범망'이란 어부가 그물로 물고기를 포획
하듯이 범천(梵天)의 인다라망(因陀羅網)으로 부처님의 설
법을 하나도 빠뜨리지 않고 모두 건지겠다는 의미에서 첫
글자와 마지막 글자를 따온 이름입니다.

원래《범망경》에는 두 종류가 있습니다. 하나는 남방 상
좌부 경장인《장부(長部)》의 제1경인《범망경》인데, 이에
해당하는 한역은《장아함(長阿含)》의 제21경인《범동경
(梵動經)》과《범망육십이견경(梵網六十二見經)》이고, 또
하나는 구마라집 삼장이 번역한《범망경》입니다. 전자는
외도들의 62가지 견해를 서술하고 이를 논파함으로써 불교
의 우수성을 천명한 것이고, 후자는 대승보살계를 설한 경

전으로 상하 두 권으로 되어 있습니다. 여기서는 후자를 중심으로 말씀드리겠습니다.

《범망경》의 갖춘 경명은 《범망경노사나불설보살심지계품 제십(梵網經盧舍那佛說菩薩心地戒品 第十)》인데 이 경의 서분에서 밝히는 바에 의하면, 광본(廣本)의 《범망경》으로부터 보살의 계위와 계율에 관한 제10의 '보살심지' 만을 따로 역출한 것이라고 합니다. 그래서 《대장경》에서는 이 경을 대승보살계의 근본성전이라 하여 '대승율부(大乘律部)' 에 넣고 있습니다.

그러면 전체적인 구성과 그 내용을 살펴보겠습니다.

먼저 상권은 노사나불에 대한 설명과 십발취심(十發趣心) · 십장양심(十長養心) · 십금강심(十金剛心) · 십지(十地) 등에 대한 설명이고, 하권에는 10중계와 48경계가 자세히 설명되어 있습니다. 그런데 중국의 법장스님이나 천태스님 등이 이 하권에 대해서만 주석서를 지은 것을 보면 이 경의 취지가 바로 이 하권에 담겨 있음을 짐작할 수 있습니다.

그리고 이 10중계(重戒)와 48경계(輕戒)의 계상(戒相)은 재가자와 출가자의 구별이 없다는 특성이 있습니다. 그

명칭에서도 알 수 있듯이 전자는 예를 들면 기본 오계(살도음망주)와 남의 허물, 자기 칭찬, 탐욕, 성냄, 삼보 비방 등의 열 가지 무거운[重] 계목이라면, 후자는 스승과 어른 공경을 비롯하여 오신채(五辛菜)와 식육 금지, 방생의 권장, 간병, 추선 공양, 파계에 대한 참회, 청법(請法) 등 가벼운[輕] 계목으로 일상 행의(行儀)의 규정에 해당한다 하겠습니다.

《범망경》에서는 계를 지키는 데 있어 미리 잘못을 막고 악업을 그치게 함으로써 결국 선을 짓게 한다는 기본적인 계율사상을 강조하고, 또 자비심을 바탕으로 하여 중생을 구제할 것을 강조하고 있습니다.

그런데 '계'라고 하면 흔히 외부에서 주어지는 규칙이나 법칙이라고 여기나 불교에서 계의 의미는 좀 다릅니다. 그것은 '계'와 '율'의 차이점을 살펴보면 알 수 있습니다. 먼저 계(戒)는 봉사하다, 명상하다, 실천하다라는 의미의 동사로부터 파생되어 습관·행위·성격·경향을 뜻하는 명사가 된 것이기 때문에 자율적인 면이 강한 반면, 율(律)은 불교교단의 질서유지를 위한 규범·규율이기 때문에 수행자가 이를 위반할 때 벌칙이 규정되어 있는 면에서 보면 다

왕초보, 경전박사 되다

분히 타율적인 면이 있다고 하겠습니다. 여기서 알아 두어야 할 점은 불교에서의 계율은 강제적이라기보다는 스스로의 자각과 깨침에 의한 계율의 실천을 중요시 여긴다는 것입니다.

그러나 보다 중요한 점은 '다음에 해야지, 내일 해도 되겠지' 하는 우리들의 생각입니다. 우리에게 다음 기회라는 것, 내일이라는 것, 과연 확실하게 있을까요? 많은 사람들이 '내일과 다음에'라는 말에 속아서 자신의 삶을 허비하고 있지나 않는지 모르겠습니다. 오늘 내가 행하지 않고, 지금 실천하지 못하는 일은 내일 더욱 할 수 없는 경우가 많습니다. 결코 '다음에'라든가 '내일'이라는 말에 속지 마십시오. 다음이 오지 않은 채 우리의 인생이 마감될 수도 있기 때문입니다. 내일은 없다고 생각하시고, 우리가 만나는 어느 경전이든지 바로 지금부터 수지·서사·독송 내지 위인연설(爲人演說 : 남을 위해 설하는 것)을 하시기 바랍니다.

법구경

法句經

일반적으로 '경전' 하면 모두들 내용을 읽어보기도 전에 어렵다고 생각합니다. 그러나 그것은 한 마디로 무지에서 오는 선입감이라고 할 수밖에 없습니다. 왜냐하면 부처님의 말씀이 원형대로 남아 있는 초기경전을 살펴보면 하나같이 아주 소박하고 간결한 표현으로 이루어져 있기 때문입니다.

물론 후기에 성립된 대승경전 가운데는 다소 번거로운 교리와 형이상학적인 요소가 가미된 경전도 있지만 초기경전은 그렇지가 않습니다. 《법구경》도 바로 그러한 초기경

왕초보, 경전박사 되다

전 중의 하나입니다.

《법구경》의 원명은 팔리어로는 《담마빠다(Dhamma-pada)》이고 범어로는 《다르마빠다(Dharmapada)》라고 합니다. '담마'는 진리 혹은 법이란 뜻이고 '빠다'는 말씀, 길, 문구라는 의미로써 합하면 '진리의 말씀' 또는 '법의 길'이라는 뜻이 되고, 이를 의역하여 '법구(法句)'라고 한 것입니다.

아시다시피 《법구경》은 짧은 운문, 즉 시와 같은 형식으로 되어 있는데, 팔리어 원전 이외에 한역본으로는 네 종류가 있습니다. 이와 같이 여러 가지 한역본이 있다 보니, 게송의 수나 배열 순서도 다르고 개중에는 게송을 설하게 된 까닭을 간략하게 붙이는 등 내용면에서도 다소 차이를 보입니다.

특히 《법구경》은 5세기경에 인도의 대논사(大論師)인 붓다고사가 주석을 붙임으로써 더욱더 유명해졌습니다.

우리나라에는 여러 가지 번역본 가운데 26장 423게송으로 번역된 팔리어본의 《법구경》과 시구마다 그 시구를 읊게 된 까닭을 설명한 《법구비유경》 등이 소개되어 있습니다.

좀더 구체적으로 말씀드리자면 제1장 대구(對句)에 관한 쌍서품(雙敍品)을 비롯해서, 제2장 게으름에 관한 내용인 방일품(放逸品), 제3장 마음에 관한 심의품(心意品), 제4장 꽃에 관한 화향품(華香品), 제5장 어리석음을 다룬 우암품(愚闇品), 제6장 현인을 설한 현철품(賢哲品), 제7장 아라한품(阿羅漢品), 제8장 천(千)에 비교한 술천품(述千品), 제9장 악을 다룬 악행품(惡行品), 제10장 폭력에 관한 도장품(刀杖品), 제11장 늙음에 관한 노모품(老耄品), 제12장 자기에 대한 기신품(己身品), 제13장 세속품(世俗品), 제14장 불타품(佛陀品), 제15장 안락품(安樂品), 제16장 사랑에 관한 애호품(愛好品), 제17장 분노품(忿怒品), 제18장 더러움에 관한 진구품(塵垢品), 제19장 공정한 사람에 관한 주법품(住法品), 제20장 도에 관한 도행품(道行品), 제21장 갖가지 일에 관한 광연품(廣衍品), 제22장 지옥품(地獄品), 제23장 코끼리에 비유한 상유품(象喩品), 제24장 갈애에 관한 애욕품(愛欲品), 제25장 비구품(比丘品), 제26장 바라문품(婆羅門品)으로 구성되어 있습니다.

그리고 《법구경》 자체는 게송으로만 구성되어 있는 반면 《법구비유경》에는 그 게송을 설하시게 된 배경, 즉 인연

왕초보, 경전박사 되다

비유담이 자세히 소개되어 있기 때문에 부처님의 지혜와 자비를 두루 갖추신 위없는 스승으로서의 면모는 물론 인간으로서의 위대함과 자상함이 잘 나타나 있습니다.

한역 《법구경》은 3세기 초 중국의 고승 지겸이 번역한 이래로 현재까지 세계 각국의 언어로 번역되어 가장 많이 읽히고 있는 경전이기도 합니다. 특히 1855년 덴마크의 석학 파우스뵐이 《법구경》을 라틴어로 번역하여 유럽에 전파하면서 '동방의 성서'로 널리 격찬받게 되었고, 그 후 영어·독어·불어를 비롯하여 일어·러시아어로도 번역되어 불경 가운데서는 대중적으로 가장 친근한 경전 중의 하나가 되었습니다.

그 이유인즉 《법구경》은 고전적인 간결한 표현으로 구성되어 읽기가 쉽고, 또한 우리들 생활에서 잊혀져 있는 잠재의식을 일깨워 주는 지혜의 가르침으로써 우리네 인생이 걸어가야 할 목표가 어디에 있는가를 명확하게 보여 주고 있기 때문입니다.

예를 들어 우리가 어떻게 살아야 사람답게 살 수 있는가에 대하여 그릇된 고정관념과 잘못된 생활습관을 개선하도록 하고, 더한층 삶의 질을 높여 한 걸음 한 걸음 참사람이 될 수 있도록 그 실천행을 제시해 주고 있습니다.

그러면 우리가 즐겨 듣는 게송(60번) 한 구절을 소개해 보겠습니다.

잠 못 이루는 이에게 밤은 길고
피곤한 나그네에게 길은 멀어라.
바른 진리를 모르는 어리석은 사람에게
아아 윤회의 밤길은 길고도 멀어라.

이처럼 《법구경》의 특징은 불교교리를 표면에 내세우지 않고도 우리들로 하여금 불교가 지향하는 이상향에 갈 수 있도록 일깨워 준다는 점에 있습니다. 그렇기 때문에《법구경》에는 부처님에 대한 초인적인 과장이나 신비성 같은 것은 보이지 않고, 현학적이라고 할 만한 이론의 편중에서도 벗어나 있습니다.

오히려 깨달음을 이루신 인간 불타의 더없이 따스한 눈길과 간결하고 솔직하면서도 더없는 깊이와 함축을 풍기는 진리의 말씀으로 가득 차 있습니다.

다시 말하면《법구경》에 수록되어 있는 게송 하나 하나

왕초보, 경전박사 되다

가 윤리적 · 종교적으로 높은 가치를 지니고 있을 뿐만 아
니라 철학적인 예지가 번뜩이고 있어서 언제라도 우리들
의 가슴을 적셔 주기 때문에 더욱더 가까이 하고픈 경전입
니다.

법화경

法華經

옛날에 읽은 단편 중에서 〈잃어버린 편지〉라는 글은 아직도 생생하게 기억에 남습니다. 주인공이 매우 중요한 편지를 잃어버렸는데 아무리 찾아도 찾을 수가 없었지요. 그런데 그 편지를 찾아내는 대목은 참으로 싱겁고 허망하기까지 하였습니다. 왜냐하면 편지꽂이에 꽂혀져 있었던 것입니다. 그런데도 주인공은 그 편지를 찾느라고 야단법석을 떨며 벽 틈, 침대시트, 비밀금고 등을 다 뒤지고도 마침내는 이 사람 저 사람을 의심하기까지 합니다. 그런데 그편지는 너무나 평범한 장소인 편지꽂이에서 나왔습니다.

세상일도 이와 비슷할 것이라는 생각이 듭니다.

지식이 오히려 걸림돌이 되어 자신의 발목을 잡게 되는 경우가 많은 현실입니다. 중요한 것일수록 평범한 곳이 가장 안전하듯이 있는 그대로의 꾸밈없는 모습이 제일 아름답습니다. 이렇게 서두가 길어진 이유는《법화경》이 바로 있는 그대로의 모습, 즉 제법실상(諸法實相)을 설한 대표적인 경전이기 때문입니다.

우리가 보통 화중지왕(花中之王), 즉 꽃 중의 꽃을 목단이라 하듯이 경전 중의 경전이라고 하면 바로《법화경》을 가리킵니다. 팔만사천법문이라는 방대한 부처님의 가르침에서 정수를 한 데 모은 것이라고나 할까요. 온갖 법문을 종합하여 '내가 말하고자 하는 뜻은 바로 이것이다' 하고 결론지은 경전이 바로《법화경》이기 때문입니다.

다시 말하면 부처님은 당신이 설한 수많은 가르침을 요약하여 마치 그림을 그리면서 설명하듯이 요샛말로 시청각 교육을 하듯이 참으로 알기 쉽도록 많은 비유를 들어 불법을 받아들일 수 있도록 방향 제시를 해 준 경전이 바로《법화경》입니다.

《법화경》의 정식 명칭은《묘법연화경(妙法蓮華經)》입니

다. 이때 묘법은 범어로 삿다르마(saddharma) 즉 '미묘한 법' '절대적 진리' 라는 뜻이고 연화는 푼다리카(puṇḍarika) 인데, 부처님의 묘법을 말로는 도저히 표현할 수가 없기 때문에 세간의 여러 가지 꽃 중에서 가장 아름다운 연꽃에다 비유한 것이지요. 그것은 연꽃이 더러운 진흙 속에서도 거기에 때묻지 않고 순백의 깨끗한 꽃을 피워내듯이 우리 중생들도 세속에 살고 있으면서 번뇌에 물들지 않고 아름답고 깨끗한 생활을 한다면 반드시 성불할 수 있다는 《법화경》의 근본사상을 그대로 표현한 것입니다.

그 다음 경이란 범어로 수트라(Sūtra), 즉 아름다운 꽃을 꿰는 실을 말하는데 묘법을 문자화하여 엮어 놓았다는 의미이지요. 따라서 '묘법연화경' 하면 '절대적인 일승묘법의 진리를 연꽃에 비유하여 설한 경전' 이라는 뜻이 됩니다.

《법화경》의 성립은 기원후 1세기경으로 추정되고 현재 수많은 대승경전 중에서 산스크리트 원본이 가장 많이 남아 있는 경전이기도 합니다. 그러나 서역(西域 : 중앙아시아)을 거쳐 중국에 전래된 것은 3세기이며, 그 후로 여섯 차례나 번역되었지만 현존하는 것은 세 종류뿐입니다. 즉 축법호가 번역한 《정법화경(正法華經)》과 구마라집의 《묘법연화경(妙法蓮華經)》 그리고 굴다와 급다가 공역한《첨품법화경(添品法華經)》인데, 두번째 구마라집의 번역본이 가장 많이 독송되고 있습니다.

그러면《법화경》의 구성을 설명하도록 하겠습니다.

《법화경》은 2처(處) 3회(會) 28품(品)으로 구성되어 있고, 2처란 두 장소를 말하는데 즉 영축산과 허공이며, 3회는 법회가 두 장소에서 세 번 열렸다는 뜻입니다. 자세하게는 영산회상에서 두 번, 허공에서 한 번 열렸는데 우리가 보통 '영산회상(靈山會上)'이니 '영산재(靈山齋)'니 하는 말도 여기서 유래된 것입니다.

경전의 내용은 크게 전반과 후반으로 나누어서 설명할 수 있는데 전반부는 방편품(方便品)을 중심으로 하여 일승사상을 설명하여 표면에 드러난 각기 다른 개성 안에 내재된 평등한 불성을 보라는 의미를 가지고, 후반부는 여래수량품(如來壽量品)을 중심으로 하여 구원성불(久遠成佛) 즉 부처님의 영원성을 설명하여 무량한 생명의 상징으로서 새로운 불타관을 펼치고 있습니다.

《법화경》의 구성과 그 내용에 대해서는 대강 설명을 마치고 비유를 중심으로 설명하겠습니다. 그러나《법화경》에는 너무나 많은 비유들이 나오고 있기 때문에 이를 모두 소개해 드릴 수는 없고, 《법화경》의 비유 중 가장 중요하고 또 흥미진진한 이야기인 '법화칠유(法華七喩)' 가운데서 몇 가지만을 추려서 설명하겠습니다.

먼저 '화택의 비유(火宅喩)'는 아버지가 잠시 집을 비운 사이 집에 불이 났는데 아버지가 집에 돌아와 보니 아이들은 놀이에 정신이 팔려서 바깥에 불이 난 줄도 모르고 집 안에서 놀고만 있었지요. 그래서 아버지는 방편을 써서 밖으로 나오면 좋은 장난감을 사 주겠노라고 소리를 쳐서 아이들을 겨우 밖으로 유도해 낼 수 있었습니다. 이때의 아버지는 물론 부처님이시고, 아이들은 위험성을 모르고 쾌락을 추구하고 있는 우리 중생이며, 불타오르는 집은 바로 이 사바세계를 가리킵니다.

그리고 '장자궁자의 비유(窮子喩)'를 보면, 어릴 때 집을 잃어버린 아들이 걸인이 되어서 우연히 아버지의 집으로 구걸을 오게 되었습니다. 아버지는 첫눈에 걸인 아이가 자기 아들임을 알아보고 붙잡으려고 하였으나, 아들은 자신이 도둑으로 몰리는 줄로 착각하고 놀라서 도망을 가게 됩니다. 그러자 아버지는 하인을 시켜서 그를 데려다가 허

왕초보, 경전박사 되다

드렛일을 시키며 아들을 안심시켰습니다. 아버지는 비록 변소청소를 하는 아들이긴 하지만 매일 바라볼 수 있다는 것만으로도 행복에 젖을 수가 있었습니다. 그 다음해에는 아들을 마당청소부로 승격을 시켰지요. 이리하여 20년이 지난 후 아들이 집안의 총감독관이 되었을 때 임종을 맞이하게 된 아버지는 비로소 아들을 불러들여 그간의 사정을 들려 주었습니다. 그때는 아들도 그것을 순순히 받아들이고 전 재산을 상속받게 됩니다. 여기서 아버지는 부처님이시고, 걸인 아들은 바로 우리 중생임을 비유하고 있습니다. 이 비유는 부처님은 이렇게 미묘한 방편으로써 중생들을 최고의 깨달음으로 이끈다는 것을 알려 주는 내용입니다.

'약초의 비유[藥草喩]'는 모든 중생들은 소질과 능력에 차이가 있지만 부처님께서는 그 근기에 맞게 감로법을 설하시기 때문에 언젠가는 반드시 깨달음을 얻게 된다는 내용입니다. 마치 하늘에서 비가 평등하게 내리지만 초목의 크기와 종류에 따라 빗물을 수용하는 양이 각기 다르듯이 똑같은 부처님의 가르침도 우리 범부들은 자신의 능력과 개성에 따라 다르게 받아들이고 이해한다는 비유입니다.

'의주의 비유[衣珠喩]'는 어떤 가난한 사람에 대한 비유로, 어느 날 이 가난한 사람이 부자인 친구의 집에 가서 저녁 대접을 받은 후, 그만 잠이 들어 버렸습니다. 마침 친구는 급한 일이 생겨서 외출을 하게 되었는데, 나가면서 가난한 친구를 위해 아주 값비싼 보물을 잠든 친구의 주머니 속에 넣어 주고 볼일을 보러 나갔습니다. 그 후 잠이 깨어난 가난한 친구는 주머니 속에 값비싼 보물이 들어 있는 줄도 모른 채 하염없이 떠돌아다니다가 몇 년 후에 우연히 두 사람이 다시 만났는데, 예나 다름없이 가난한 친구의 행색을 보고 부자인 친구는 깜짝 놀랐습니다. 그래서 살펴보니 자기가 옷 속에 넣어 준 보물이 그대로 주머니 속에 들어 있었던 것입니다. 이 비유는 바로 주머니 속의 보석처럼 우리 중생들에게 불성이 감추어져 있음을 알려 주고 있습니다.

마지막으로 '의사의 비유〔醫子喩〕'는 부처님의 생명은 불멸이라는 것을 비유로써 나타낸 것입니다. 어떤 의사가 자식을 여러 명 두었는데 그가 여행을 떠난 사이 집에 있던 자식들이 약물을 잘못 먹고 약물중독이 되었습니다. 연락을 받은 아버지는 급히 돌아와서 해독약을 지어 주었지만 중병의 아이들은 먹으려고 하지 않았습니다. 할 수 없이 아버지는 다시 여행을 떠나게 됩니다. 그리고 나서 여행지에

왕초보, 경전박사 되다

서 아버지가 죽었다는 연락을 받은 자식들은 비로소 정신이 번쩍 나서 아버지가 마지막으로 지어 주신 약을 먹게 되고, 그들은 곧 병이 낫습니다. 멀리서 자식들의 병이 나았다는 소문을 들은 아버지가 집으로 돌아오고 부자(父子)가 기쁨으로 상봉한다는 내용입니다. 이때 아버지는 물론 부처님이시고, 아이들은 우리 중생들입니다. 즉 부처님께서 열반에 드신 것은 우리 중생들이 정신을 차려서 수행하도록 방편으로써 짐짓 열반에 드셨다는 것을 시사하고 있습니다.

이와 같이 《법화경》에는 부처님의 대자비가 아주 친근하게 느껴지도록 기술되어 있고, 특히 우리 중생들이 알아듣기 쉽게 여러 가지 비유를 들어가면서 현실감 있게 설하고 있는데 많은 사람들이 《법화경》에 귀의하는 이유도 바로 이런 점에 있다고 하겠습니다.

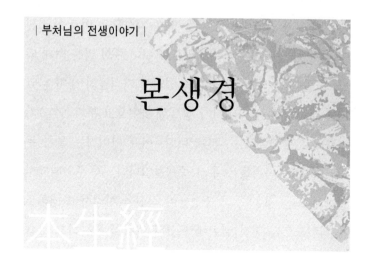

본생경

本生經

　부처님께서는 어떤 인연으로 부처님이 되셨을까요? 이러한 의문이 드는 분이라면 반드시 《본생경》을 읽어 보아야 할 것입니다. 《본생경》은 부처님께서 성불하시기 이전, 다시 말하면 이 세상에 태어나서 수행자로서 닦아 오신 여러 생의 이야기를 모아 놓은 것이기 때문입니다.

　즉 부처님의 깨달음과 가르침은 너무도 위대하기 때문에 제자들은 석가모니 부처님이 이 세상에 태어난 이후 6년 간의 고행만으로는 이토록 장엄한 불변의 진리를 깨달을 수 없다고 생각했던 것입니다. 그래서 무수한 과거생에 보살로서 수행해 온 결과라고 믿게 되었고, 무량 겁 동안 수행하면서 사람으로만 태어난 것이 아니라 온갖 동물로도 태어나서 보살도를 닦은 공덕이라고 생각하게 되었던 것입니다.

부처님의 전기는 경전에서 단편적으로 등장하기도 하지만 하나의 경전으로 성립된 것도 몇 가지 되는데,《본생경》은 바로 그러한 불전문학에 속하는 경전의 하나입니다.

일반적으로 '자타카(Jātaka)'라고 하면 팔리어로 쓰여진 남전(南傳) 자타카를 일컫는 경우가 많으나 이를 한역하여 본생담(本生譚) 또는 전생담(前生譚)이라고도 합니다. 팔리어 경장에서는 소부(小部)에 들어 있는데, 547가지 이야기를 22장으로 나누어 설했고 내용의 구성은 3부로 되어 있습니다. 서론에서는 부처님이 무엇 때문에 전생 이야기를 하시게 되었는지 그 연유를 밝히고, 본론에서는 다겁생에 걸쳐 닦아 오신 수행담을 소상히 설하였고, 결론에는 등장하는 인물들의 인과관계를 밝히고 있습니다.

좀더 구체적으로 살펴보면 부처님이 이 세상에 태어나서 성불하시기 이전에 보살이었던 기간 동안 어떤 때는 국왕이나 상인 심지어는 도둑으로까지 태어나기도 합니다.

때로는 토끼나 원숭이 등의 몸을 받고 태어나서도 언제나 한결 같은 선행과 덕행을 베풀면서 남을 위하여 봉사하였다는 줄거리로 엮어져 있습니다.

한 가지 예를 들면, 석가모니 부처님이 전생에 토끼의 몸을 받고 수달과 들개 그리고 원숭이와 같이 살던 때의 일입니다. 그들은 포살일(布薩日 : 수행자들이 보름마다 한 번씩 모여 잘못에 대하여 고백 참회하는 행사)을 맞이하여 각자 계를 지키고 보시를 하고자 다짐하였는데, 수달은 어부가 감추어 둔 물고기를, 들개는 농부의 집에 가서 고깃덩어리를, 원숭이는 망고나무에서 망고를 따 와서 보시할 수 있었지만, 토끼는 탁발승에게 아무것도 줄 것이 없었습니다. 그래서 토끼는 활활 타오르는 장작불 속에 뛰어들었습니다. 그런데 사실 그 불은 천신이 탁발승으로 변장하여 토끼의 보살정신을 시험하기 위해 만든 것이었습니다. 토끼는 털끝 하나도 타지 않았습니다. 그래서 천신은 토끼의 희생적인 보시정신을 오래도록 기리기 위해서 달 속에다가 토끼의 그림을 그려 넣었다고 합니다. 전래동화의 달 속의 토끼이야기 역시 여기서 파생되어 만들어진 것이랍니다. 아무튼 그때의 수달은 아난, 들개는 목련, 원숭이는 사리불,

왕초보, 경전박사 되다

토끼는 바로 부처님의 전생을 가리키고 있습니다.

사실 보시가 좋다는 것은 누구나 다 알고 있지만 보시는 실천이 수반되어야만 비로소 크나큰 공덕으로 이어집니다. 현실의 집착과 고통의 원인은 탐욕에 있고, 그 탐욕을 다스리는 길은 바로 보시를 실천하는 길밖에 없습니다. 마치 물이 한 곳에 고여 있으면 썩어버리지만 계속 흐르는 물은 언제나 깨끗한 것과 마찬가지입니다. 해탈의 최대 장애물인 탐욕을 없애고 보시를 베풀어야 하는 이유가 바로 여기에 있는 것입니다.

이러한 내용들은 우리들에게 무엇을 깨우쳐 주려고 한 것일까요? 그것은 부처님과 같이 훌륭한 분일지라도 깨달음을 얻는 데는 이와 같이 오랜생에 걸쳐 꾸준하게 선행을 쌓아 왔다는 점을 강조하기 위해서이고, 동시에 우리네 중생들도 이처럼 공덕을 닦으면 반드시 좋은 과보를 얻을 수 있다는 것을 알려 주고자 한 것입니다.

이러한 내용을 파급시키는 저변에는 인도인들이 가지는 고유의 전통사상, 즉 선인선과(善因善果) 악인악과(惡因惡果)라고 하는 인과응보의 사상과 윤회사상이 내재되어 있음은 물론입니다.

또한 이렇게 부처님의 면모를 기억하고자 하는 의도는 현세에 생존했던 부처님의 면모를 길이 잊지 않고자 함도 있겠지만, 동시에 부처님의 가르침을 기억하고 그것을 후세에 전하고자 하는 뜻도 아울러 있다고 하겠습니다. 그런 의미에서 전생담을 지을 때 당시 민간에 널리 유포되고 있던 전설과 우화류를 많이 인용하였음을 짐작할 수 있습니다.

이러한 사상적 토대 위에 결집된《본생경》을 근래에 와서는 불전문학으로만 평가하려는 경향이 있는데《본생경》에 등장하는 이야기들은 자세히 살펴보면 항상 '착하게' 그리고 '남을 위하여 살아야한다' 는 것이 내재되어 있습니다. 요즘처럼 각박한 세상에 이처럼 숭고한 이야기가 있을까요?

왕초보, 경전박사 되다

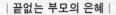
| 끝없는 부모의 은혜 |

부모은중경

　매년 '어버이 날' 에는《부모은중경》을 한번 독송해 보실 생각은 없으십니까? 하긴 경전이 아니더라도 아버지나 어머니를 다룬 작품은 예로부터 참 많습니다. 그 중 동서고금을 통해서 모성의 강도를 절실하게 나타낸 것으로는 당나라 때 소설인《두자춘(杜子春)》을 능가할 작품은 없을 겁니다.

　그 내용인 즉, 철관자(鐵冠子)라는 신선이 불로불사약을 만드는데 그 약재로서 감정이라고는 티끌만큼도 없는 무정한 인간을 구해 달여야 한다고 하였습니다. 그래서 신선 지망생인 '두자춘'으로 하여금 신선이 되게 해 주는 조건으로 어떤 고난에도 소리를 지르거나 말을 해서는 안 되는 무정인간의 시련이 시작되었던 것입니다. 사자와 독사떼가 나타나 달려들고, 벼락 지진이 땅을 가르고 산을 무너뜨려도 두자춘은 태연하였지요. 끓는 열탕 속에 집어 넣으려 하면서 이름 석자만 대면 살려 주겠다고 해도 입을 떼지 않았고, 끝내는 사지가 찢겨 죽음을 당하면서도 신선과의 약속을 지켰지요.

염라대왕 앞에서 살갗이 벗겨지고 독사에 골을 먹히는 등의 혹독한 고문에도 입을 떼지 않자, 염라대왕이 "음기(陰氣)의 요물이다. 여자로 환생시켜라." 하여 다시 태어났는데 신선과의 약속을 지켜 벙어리 아이로 자랐지요. 성장 후에 노규란 총각과 결혼하고 귀여운 아이까지 낳았는데 그 아이의 응석 한 번 받아 주지 않았기 때문에 참다못한 남편이 저렇게 정이 없는 계집과 사는데 자식은 있어 무슨 소용이냐면서 어린아이를 뜰방 돌에 내동댕이쳤습니다. 핏방울이 어머니 두자춘의 얼굴에 튀자, 그때야 비로소 "어!" 하고 소리를 질렀답니다. 이승 저승 내세에 걸친 삼세(三世)의 공도 어머니의 자식사랑 앞에서만은 허사였던 것입니다.

그 모든 감정은 다 감내할 수 있으나 마지막 자식사랑만은 극복할 수 없었던 것이지요. 이 세상에서 이보다 더 높고 크고 순수하고 절실한 사랑이 또 있겠습니까?

자, 그렇다면 부처님께서는 부모의 사랑을 어떻게 설하시고 계신지 살펴보도록 하겠습니다.

이 경전의 원래 경명은 《부모은중대승마하반야바라밀경 (父母恩重大乘摩訶般若波羅蜜經)》으로서 경명을 그대로 해석하자면 '부모 은혜에 관해 커다란 지혜의 완성을 교설하는 대승경전'이라는 뜻인데 보통 《부모은중경》이라 부르고 있습니다.

이 경전은 범본도 없고 번역자도 알지 못하기 때문에 예로부터 위경(僞經)으로 분류되고 있습니다. 그러나 중국을 비롯하여 우리나라, 일본 등 동양에 널리 보급되어 있고, 특히 조선시대 정조대왕은 김홍도의 그림까지 곁들인 《부모은중경》을 간행하기도 하였는데, 이 경판이 용주사에 보관되어 있고, 또 현대어로 번역되어 시중에 유통되고 있습니다.

《부모은중경》은 부처님이 아난과 함께 길을 가시다가 마른 뼈 무더기에 절하는 장면에서부터 시작됩니다. 이를 보고 놀란 아난존자가, "부처님께서는 인천(人天)의 스승이시고, 사생(四生)의 자애로운 아버지〔慈父〕이신데 어찌하여 누군지도 모르는 마른 뼈 무더기에다 절을 하십니까?"라고 부처님께 여쭙게 되지요. 그러자 부처님께서는 "아난아, 이 한 무더기의 뼈가 혹시 나의 전생에 조상이나 부모님의 뼈일 수도 있기 때문에 내가 절을 하는 것이니라."라고 하십니다.

다시 말해서 다겁생래(多劫生來)로 윤회를 하는 입장에서 보면 사실 부모자식이나 형제자매의 인연이 아닌 사람이 없다는 의미입니다. 그러나 우리는 현재의 인연만을 중시하여 과거생 자신의 부모일지도 모르는 많은 사람들에게 참으로 무례하고 야박하게 대하고 있지나 않은지요. 아니 과거생의 부모는 그렇다 치더라도 현생 부모의 은혜를 알기나 하는지 모르겠습니다.

《부모은중경》에서 구체적으로 열거하는 부모님의 열 가지 은혜는 다음과 같습니다. ① 어머니 품에 품고 지켜 주는 은혜〔懷胎守護〕 ② 해산날에 즈음해서 고통을 감수하는 은혜〔臨産受苦〕 ③ 자식을 낳고 고통을 잊어버리는 은혜〔生子忘憂〕 ④ 쓴 것은 삼키고 단 것은 뱉아 먹이는 은혜

왕초보, 경전박사 되다

〔嚥苦吐甘〕 ⑤ 진자리 마른자리 갈아 뉘시는 은혜〔廻乾就濕〕 ⑥ 젖을 먹여 기른 은혜〔乳哺養育〕 ⑦ 손발이 닳도록 깨끗하게 씻어 주시는 은혜〔洗灌不淨〕 ⑧ 먼 길을 떠나갔을 때 걱정하시는 은혜〔遠行憶念〕 ⑨ 자식을 위해서라면 궂은 일도 마다하지 않는 은혜〔爲造惡業〕 ⑩ 끝까지 불쌍히 여기고 사랑해 주시는 은혜〔究竟憐愍〕가 그것입니다.

또한 경전에서는 어머니가 아이를 낳을 때 세 말 여덟 되의 피를 흘리고, 여덟 섬 네 말의 젖을 먹인다고 하고서, 이와 같은 은혜를 생각하면 왼쪽 어깨에 아버지를 업고, 오른쪽 어깨에 어머니를 업고서 수미산을 백천 번 돌더라도 그 은혜를 다할 수 없다고 설하고 있습니다. 이외에도 어머니가 자식을 잉태한 후, 1개월마다의 생태학적인 고찰로 자세히 설명되어 있는데 과학적인 접근의 설명은 참으로 놀랍습니다.

이와 같이 《부모은중경》은 '사람이 태어나 이 세상에서 살아갈 수 있는 것은 모두가 부모를 가졌기 때문' 이라고 강조하고 부모님의 은덕을 깨닫게 하는 경전입니다.

불소행찬

佛所行讚

　　앞에서 소개한 《본생경》이 《남전장경(南傳藏經)》에 들어 있는 부처님의 일대기라면 여기에서 소개하는 《불소행찬》은 《북전장경(北傳藏經)》에 들어 있는 부처님의 일대기입니다. 남전과 북전의 차이점을 들자면 전자는 원본이 팔리어로 되어 있고, 후자는 산스크리트어로 되어 있는 점입니다.

　　또 하나 다른 점은 《본생경》은 부처님의 전생 이야기에 초점이 맞추어져 있는 데 비해 《불소행찬》은 현생 즉 부처님의 탄생으로부터 시작하여 열반 후 사리를 나누어 가지는

　　　　　　　　　　　왕초보, 경전박사 되다

부분까지를 다루고 있습니다.《불소행찬》은 여러 가지 불전문학 가운데서도 가장 뛰어난 작품이라 할 수 있습니다.

그리고 좀더 특이한 점은 산문적인 서술 형식이 아니라 지은이가 불교 시인이어서인지 처음부터 끝까지 아름다운 시(詩)의 형태로 엮어가고 있다는 점입니다. 종래의 '부처님 전기'가 대체로 과장되거나 무미건조하고 단편적인 서술형이었던 점에 비해《불소행찬》은 역사적인 사실을 근거로 하여 부처님의 인격과 언행 그리고 불교사상이 문학적으로 표현되어 읽는 이로 하여금 한 구절 한 구절이 가슴에 와 닿도록 감동을 안겨 주고 있습니다.

《불소행찬》의 원명은《붓다차리타(buddha-carita)》인데 이를 '부처님의 생애에 대한 찬탄'이라는 의미로 해석하여《불소행찬》이라고 한역한 것입니다. 이를 지은 사람은 천재적인 불교시인으로서 그의 시문은 너무도 감동적이었기 때문에 말〔馬〕조차도 울음〔鳴〕으로 대답했다고 하는 마명보살입니다.《불소행찬》의 한역은 5세기경에 중국으로 온 보운 삼장에 의해서입니다.

그 내용과 구성을 살펴보면, 현존하는 범본인《붓다차리타》는 17장으로 구성되어 있지만 한역본과 티베트본은 28

장으로 되어 있습니다. 한역본은 다섯 권인데 번역문이 아주 아름답고 수려하며 격조 높은 운문체로 되어 있습니다. 그렇기 때문에 범본과 대조하여 보면 경우에 따라 원문을 삭제하거나 가감하여 윤문을 가한 부분이 눈에 띄기도 합니다. 그러나 5세기경의 중국인들에게 부처님의 생애를 알기 쉽고 보다 더 감동적으로 전달하고자 노력한 역경 삼장의 순수한 마음이 잘 드러나 있습니다.

그리고 1장에서 28장까지 그 어느 대목 하나 감동하지 않는 부분이 없지만 특히 제19장 '부자가 서로 만나는[父子相見品]' 내용에서는 정말 실제의 상황을 보는 듯한 착각을 일으킬 정도로 사실적인 기술을 하고 있습니다. 여기서 그 몇 구절만 소개해 보겠습니다.

마땅히 깃을 붙인 보배일산 받치고
손에는 나는 용의 고삐 잡을 것을
어찌하여 이렇게 먼지를 뒤집어쓰면서
발우 들고 밥 빌러 다니는가.

부처님은 그 부왕(父王)의 마음을 살피시고는

아직도 아들이란 생각에 집착하는
부왕의 마음을 일깨워 주고자
공중의 연꽃에 앉아 설법하셨네.

날카로운 무기나 코끼리나 말이나
군사나 수레를 구태여 쓰지 않고도
탐욕, 성냄, 어리석음 항복 받으니
천하의 어떤 적도 당하지 못하리라.

보는 사람 마음으로 슬퍼하고 기뻐하며
모두 조용히 합장하고 눈물을 흘리었네.

위에서 보듯이 부왕의 아들에 대한 그리움과 안타까움 또 그러한 부친조차도 중생으로 가엾게 여기는 부처님의 마음을 여실하게 묘사하고 있습니다.

이와 같이 《불소행찬》은 종래의 자료를 기초로 할 뿐만 아니라 역사적 사실까지도 참고로 하여 적절히 이상화시켜 현실감을 북돋우고, 아름다운 시로 부처님의 생애와 가르침 그리고 인격을 찬탄함으로써 감화를 불러일으키려고 노력한 흔적들이 군데군데 돋보인다고 하겠습니다. 게다가 부처님의 생애를 설명하는 데 있어서 탐진치를 비롯하여 사성제, 팔정도 등 불교의 기본교리를 서술하고 있기 때문에 초심자나 자녀들에게 더없이 좋은 지침서가 될 것으로 생각되어 일독을 꼭 권하고 싶은 경전입니다.

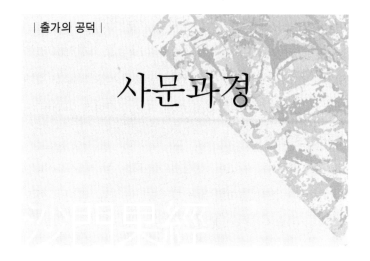

사문과경

　주지하다시피 인도는 철학과 문학 그리고 종교의 나라라고 해도 과언이 아닐 정도로 수많은 철학자와 문학자 그리고 종교가들을 배출한 나라입니다.

　부처님 당시까지 인도사회의 지배이념으로 군림해 오던 바라문교는 비로소 엄청난 도전을 받게 됩니다. 즉 바라문교에 대항하는 소위 자유사상가들이 우후죽순처럼 나타났는데 그 대표적인 것만도 363종류이고 이를 다시 62갈래로 묶을 수 있으며 더욱 크게는 여섯 가지 사상으로 분류할 수 있습니다. 이 여섯 가지 사상을 대표하는 이들을 불교에서는 육사외도(六師外道)라고 부르고 있습니다.

《사문과경》은 바로 이 육사외도의 사상을 소개하고 있는 경전으로 유명합니다. 즉 전반부는 육사외도의 설을 소개하고 있고, 후반부는 사문의 현세 과보와 삼학을 자세히 설명하고 있습니다.

《사문과경》은 팔리어로 사만냐파라숫타(sāmaññaphala-sutta)인데 '출가 공덕의 가르침'이란 뜻이고, 이의 한역은 《장아함경(長阿含經)》에 들어 있습니다.

이 여섯 명의 사상가들은 부처님과 동시대에 활약하였으나 불교의 입장에서 보면 이단적인 사상가였기 때문에 외도(外道)라고 불렀고, 대중을 이끈 여섯 명의 지도자들이었기 때문에 육사(六師)라고 부른 것입니다. 그들은 종래의 바라문을 정점으로 하는 베다의 권위를 인정하지 않는 점에서 자유사상가라고도 합니다. 즉 당시의 인도 사상계는 이러한 일반사회의 사상계통과 바라문교의 사상계통의 2대 조류가 있었고, 불교는 이 양자를 모두 초월한 보다 새롭고 보다 혁신적인 사상이었습니다.

그러면 육사외도들의 주장을 살펴보기로 하겠습니다.

첫째, 푸라나 카샷파는 나체 수행자였는데 그는 선악에

왕초보, 경전박사 되다

대한 과보를 전면 부정하고 비도덕적인 행위를 서슴없이 행하는 도덕부정론을 주장한 인물입니다.

둘째, 파쿠다 카차야나는 이 세상에 실재하는 것은 지·수·화·풍·고·락·생사의 일곱 가지 요소뿐이라고 하고 그 밖의 것은 모두 허망한 것이라고 주장하고 있습니다.

셋째, 막칼리 고살라는 철저한 숙명론자로서 그는 인간의 어떠한 노력도 무의미하다고 하여 운명의 결정론을 주장하였습니다.

넷째, 아지타 케사캄발린은 사대(四大 : 지수화풍)만이 참된 실재라고 하고 사람이 죽으면 무(無)로 돌아가기 때문에 내세(來世) 등도 존재하지 않는다고 하는 유물론을 주장하였습니다.

다섯째, 산자야 발리티풋타는 선악의 과보나 내세에 대해 확정적인 대답을 회피하고 모든 것을 의심하는 회의론자(懷疑論者)였습니다. 특히 그의 뛰어난 두 제자였던 사리불과 목건련이 여러 동문들을 데리고 부처님께 귀의하자 그는 피를 토하였다고 전해지고 있습니다.

여섯째, 니간타 나타푸트라는 자이나교의 교조입니다. 그는 위의 산자야의 회의론을 극복하기 위해 상대주의적인식론, 즉 이 세상 모든 것들은 조건에 의해 존재한다는 주장입니다. 예를 들면 어떤 사람이 죽었을 때 '죽었다' 고 말하는 것은 살아 있는 사람의 입장에서 본 절대적인 판단이지만 죽은 사람의 입장에서 보면 죽음으로 되돌아온 것일 뿐이라는 입장입니다. 이처럼 상대적인 판단을 해야지 절대적인 판단은 금물이라고 주장한 것이지요.

이 니간타의 생애는 부처님과 흡사한 데가 많을 뿐만 아니라 교리도 유사한 면이 있습니다. 특히 자이나교의 계율에도 오계(五戒)가 있는데, 불살생(不殺生)·불투도(不偸盜)·불사음(不邪婬)은 같고, 불망어(不妄語)는 진실어(眞實語), 불음주(不飮酒)는 무소유(無所有)로 대신하여 오계의 하나에 넣고 있습니다. 그러나 불교와 결정적으로 다른 점은 불교는 무아이기 때문에 이 세상에 영원히 존재하는 것은 있을 수 없다고 하는 데 반해 자이나교는 지바(Jiva) 즉 영혼을 실체적인 것으로 파악하고 인정한다는 점입니다.

그러나 부처님은 바라문교를 비롯해서 위와 같은 여러 사상들 그 어느 것도 참다운 진리로 인정할 수가 없다고 판단하셨습니다. 왜냐하면 우리들의 행과 불행과 기쁨과 슬픔 그리고 즐거움과 괴로움 등이 일어나는 근본 원인을 어디에서 찾을 것인가 하는 물음에 대해 신(神)의 뜻이라든가 과거의 숙명 혹은 우연이라고 하는 그들의 주장은 인간의 자유의지를 부정하고 창조적 노력의 가치를 무의미하게 만들 뿐, 결코 궁극적인 진리일 수 없다는 결론을 내리셨기 때문입니다.

부처님과 동시대에 어떠한 사상들이 공존하였으며, 부처님은 그 사상들의 어떤 점을 부정하시고, 당신의 깨달음을 주장하셨는가를 아는 데 이보다 더 좋은 자료는 없을 것입니다.

사십이장경

四十二章經

　　과학이 모든 자연 영역을 연구대상으로 삼고 있는 데 반해 불교는 인간 그 자체를 구명하고자 하는 종교라는 점에서 잘 대비되고 있습니다.

　　《사십이장경》에는 인간의 하나밖에 없는 생명을 주제로 부처님과 제자들 간에 오고 간 문답이 소개되어(37장) 있습니다. 즉 사람의 목숨이 얼마 동안에 달려 있느냐고 묻는 부처님의 질문에 어떤 제자는 '며칠 사이' 또 어떤 제자는 '밥 먹는 사이' 그리고 또 어떤 제자는 '한 호흡 사이'에 있다고 대답하였습니다. 부처님께서는 '한 호흡 사이에 있

　　　　　　　　　　　　　　왕초보, 경전박사 되다

다' 고 대답한 제자에게 "너는 도를 아는구나." 라고 인가를 하셨다고 합니다. 사실 한 번 내쉰 호흡을 다시 들이쉬지 못하면 죽음이라는 것은 너무나 자명한 일임에도 불구하고 잊어버리고 살아가기 마련이지요. '한 호흡 사이' 라고 한 대답은 우리의 삶에서 결코 미래를 기약하지 말라는 뜻일 것입니다.

《사십이장경》은 몇 가지 한역본이 있으나 후한시대 처음 중국에 불교를 전했다고 알려진 가섭마등과 축법란이 공동으로 번역한 중국 최초의 경전이라고 합니다.

이는 중국의 불교전래설과도 관련이 있기 때문에 조금 더 보충설명을 해야겠습니다. 즉 《후한서(後漢書)》에 의하면, 후한의 명제가 어느 날 밤 꿈에 온몸이 금색으로 빛나고 정수리에서 광채가 나는 사람을 보고서 이상히 여겨 다음 날 신하들에게 물어본 즉 '그는 아마 천축의 부처님일 것' 이라는 대답을 듣고, 즉시 그곳으로 사신을 파견하였지요.

사신들은 인도로 가는 도중 불상과 경전을 모시고 중국으로 오는 두 사람의 스님, 즉 가섭마등과 축법란을 만나게 되어서 그들과 함께 돌아왔습니다. 이들을 맞이한 후한의 명제는 불상과 경전을 싣고 온 말이 흰색이었기 때문에 최초의 절을 지어 '백마사(白馬寺)'라 이름하고 거기서 경전을 번역케 하였는데 바로《사십이장경》이 그것이라고 합니다.

이렇듯 중국불교에서 역경의 효시인《사십이장경》은 예로부터《유교경》과《위산대원선사경책(潙山大圓禪師警策)》과 함께 '불조삼경(佛祖三經)'의 하나로 중시되어 왔습니다.

그러나 현존하고 있는《사십이장경》은 본문 자체에 증광(增廣)과 첨삭의 흔적이 뚜렷할 뿐만 아니라 내용이 42장으로 이루어져 있어 주로《아함경》을 비롯한 여러 불교경전 중에서 수행에 필요하다고 생각되는 중요한 항목만을 발췌하여 엮은 것임을 짐작할 수 있습니다.

그렇다 하더라도 그 내용이 우리들 일상 생활에 그대로 반영될 수 있고 또한 다루고 있는 주제들은 굳이 어느 한 부류의 사람들만을 위해 설법한 것이 아니라 기존의 경전을 중심으로 일상 수행에 있어서 극히 중요한 덕목만을 뽑아 모은 것이기 때문에 수행의 지침서라고 할 것입니다.

예를 들면 왜 참회하면서 살아야 하는가(4장)라는 명제를 비롯하여 보시행으로 얻은 복은 횃불이 아무리 어둠을

왕초보, 경전박사 되다

밝히더라도 줄어드는 일이 없는 것처럼 무한하다고 전제하고(8장), 그러나 이보다 더 큰 공덕은 부모님께 효도하는 일이라고 하여 효행을 강조하고(9장) 있는 점도 주목됩니다. 또한 18장에서는 무아(無我)를 설명하는데 우리들의 몸을 구성하고 있는 사대(四大 : 지수화풍)가 나인 줄로 잘못 알고 집착하는 어리석음을 일깨워 주고 있습니다.

한번 생각해 보십시오. 나의 몸을 진정한 나라고 한다면 두 가지 면, 즉 상일성(常一性 : 변화하지 않는 나)과 주재성(主宰性 : 내 마음대로 할 수 있는 나)만은 갖추어야 할 것입니다. 그러나 우리들 육신은 끊임없이 변하고 있고 결코 무엇 하나 내 마음대로 되는 것이 없습니다. 이러한 가르침은 삶의 주체인 나를 부정하자는 말이 아니라 오히려 참다운 나를 찾기 위한 것입니다.

그리고 도(道)에 대해서도 잠시도 잊지 말고(15장) 흐르는 물이 양 언덕에 닿지 않고 곧바로 흘러가는 것처럼(25장) 병사가 적을 대하는 경우와 같이(32장) 일심으로 생각하라고 합니다. 또한 31장에서는 우리네 삶의 고뇌와 고통이 어디로부터 오는가를 다음과 같이 지적하고 있습니다.

애욕으로부터 근심을 낳고

근심으로 해서 두려움이 생긴다.

애욕이 없으면 곧 근심도 없고

근심이 없으면 두려움도 사라진다.

마치 큰불이 모든 것을 태워 버리듯이 끊임없는 정진만
이 애욕을 없앨 수 있다는 뜻입니다. 그러나 33장에서는
정진도 지나치게 극단적이어서는 안 되며 거문고를 탈 때
와 같이 중도(中道)를 지켜야 한다고 가르치고 있습니다.

이와 같이 《사십이장경》은 불교의 윤리관을 주제로 한
내용을 간단 명료하게 요약한 경전이라 하겠습니다.

　　　　　　　　　　　　　　왕초보, 경전박사 되다

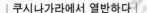

소승열반경

우리들이 살아가면서 겪는 수많은 고통 가운데 죽음보다 더한 것이 있을까요? 죽음이라는 것은 사랑하는 가족과 친지는 물론 그토록 집착하던 명예와 권력, 그리고 재산과 소유물 일체를 놓아 두고 철저하게 혼자서 어디론가 알 수 없는 곳으로 가야만 하는 머나먼 길입니다. 수많은 종교 역시 바로 이 죽음이라는 절대절명의 명제 위에서 생겨났다고 해도 과장된 말은 아닐 것입니다. 그만큼 종교와 죽음의 관계는 절박하면서도 밀접하다고 할 수 있습니다.

그러나 죽음을 놓고 진정 고통스러워하는 쪽은 죽는 당

사자보다도 오히려 이 세상에 남아 있는 사람들이 아닐까요. 오랜 병고를 이기지 못하고 죽을 수밖에 없는 경우이거나, 뜻밖에 찾아오는 사고로 인하여 졸지에 운명을 달리하는 사람들의 경우를 보더라도 남아 있는 가족의 고통을 이루 말할 수 없습니다.

만일 이러한 고통을 당하고 괴로워하시는 분이 있다면 이들에게 권하고 싶은 경전이 바로 《소승열반경》입니다. 왜냐하면 이 경전은 삶과 죽음의 무상함을 일깨워 주고 있기 때문이지요.

《소승열반경》의 팔리어본 《마하파리니바나숫탄타(mahāparinibbāna-suttanta)》는 장부(長部) 제16경에 들어 있고, 한역본으로는 《유행경(遊行經)》, 《반니원경(般泥洹經)》, 《대반열반경(大般涅槃經)》 등이 있습니다.

내용은 부처님이 열반에 들기 1년 전에 제자들과 함께 왕사성을 출발하여 교화여행을 떠나는 것으로 시작하여 최후의 땅인 쿠시나가라에 이르기까지의 여정과 마지막 설법의 모습 그리고 입멸 후 사리 분배가 끝날 때까지의 사정이 사실적으로 잘 묘사되어 있습니다.

좀더 자세히 살펴보면 부처님은 바이샬리에서 마지막

여름안거를 마치신 후 발걸음을 쿠시나가라로 향하셨지요. 그곳으로 가시는 도중에 제자 바카리를 교화하시고 춘다의 마지막 공양을 받으신 일화는 아직도 우리들의 가슴을 뭉클하게 적시는 감동이 아닐 수 없습니다.

임종을 앞둔 바카리는 눈을 감기 전에 꼭 한번 부처님을 뵙는 것이 소원이었는데 이를 전해 들으신 부처님께서는 몸소 바카리의 집으로 가시게 됩니다. "이렇게 누추한 곳에 직접 와 주시다니 저는 이제 눈을 감아도 더 이상 한이 없습니다."라고 감격의 눈물을 흘리는 바카리의 손을 잡고 "바카리여, 나의 이렇게 늙은 육신을 본다 한들 무슨 소용이 있느냐? 오히려 진리를 보는 자는 나를 본다는 것을 알아야 한다."라고 말씀하시고, 부처는 진리와 동일하다는 것을 가르쳐 주십니다.

그리고 대장장이 춘다가 올린 전단나무에서 따온 버섯요리 공양은 바로 부처님의 마지막 공양이 되었는데 이로 인해 부처님은 결국 병을 얻고 열반에 드시게 되지만, 부처님께서는 좋은 뜻으로 공양을 올린 춘다의 마음이 오히려 다치지 않을까 염려하셨습니다.

사람에 따라서는 혹시 '깨달은 분이 병에 걸릴 수가 있

을까?' 하고 의문을 가질 수도 있지만 실은 부처님의 열반
이야말로 위대한 가르침입니다. 왜냐하면 깨달음을 이룬
부처님일지라도 영원히 이 세상에 상주할 수 없다는 것을
당신의 육신소멸로써 분명하게 보여 주셨기 때문입니다.
다시 말하면 '모든 것은 항상 변한다'고 하는 불교의 진리
를 사실 그대로 입증하심과 동시에 부처라는 깨달음의 경
지를 결코 신격화하지 않고 인간적인 표현으로 가감 없이
잘 나타내 주고 있기 때문입니다.

부처님을 25년간 그림자처럼 시중들던 아난에게조차 고
통을 표현하지 않고 병들고 지친 몸으로 묵묵히 걸어서 쿠
시나가라까지 도착하셨지요. 거기서 비로소 등이 아프다는
말씀을 하시고 마을 서쪽에 있는 사라나무 숲으로 자리를
옮기신 후, 두 그루의 나무(사라쌍수) 사이에 자리를 깔고
누우셨습니다. 부처님의 열반을 누구보다 재빨리 예감한
아난의 슬퍼하는 표정을 읽으신 부처님은 "아난다여, 벌써
잊었느냐? 아무리 좋아하는 사람일지라도 언젠가는 반드
시 헤어져야 한다는 것을…" 하고 달래 주셨습니다.

그러나 우리를 보다 감격스럽게 하는 것은 당신의 열반
을 앞두고 슬퍼하는 제자들에게 남기신 최후의 말씀입니다.

즉 제자들이 "저희들은 앞으로 누구를 의지하고 또한 어떻게 수행해야 합니까?"라는 물음에 대하여 부처님께서는 "자신을 의지하고〔自燈明〕법을 등불로 삼아〔法燈明〕밝게 비추며 살아가라."고 하셨던 것입니다. 말하자면 한 인간으로서 석가모니의 존재는 영원한 것이 아니기 때문에 너희들이 인간 석가모니에게 의지해서는 안 된다는 뜻이지요.

우리네 범부들이란 누가 조금만 자신을 인정해 주면 좋아서 어쩔 줄을 모르고 조금 유명해지면 곧 추종하는 무리를 만들어서 자신을 따르라고 말하지만 부처님은 그러한 것들을 철저히 배제하신 분입니다. 세계 어떤 종교보다도 인간 중심의 종교로서 불교의 위대함은 바로 여기에 있다고 하겠습니다.

이리하여 열반하신 부처님의 유해는 다비(茶毘)를 마친 후 각각 여덟 나라로 분배가 되고 뒤늦게 도착한 두 나라에는 사리를 담은 항아리와 남은 재가 배당되어 결국 열 군데에 사리탑이 세워지게 되었다고 경전은 끝을 맺고 있습니다.

소품반야경

小品般若經

《소품반야경》은 8천 개의 게송(시구)으로 구성된 대승 불교의 핵심 경전입니다.

부처님께서 열반하신 후 백 년쯤 지나자 교단은 소승과 대승의 두 파로 갈라졌습니다. 그리고 3~4백 년이 지난 후 에는 또다시 18개 부파로 나뉘어져, 소위 부파불교의 시대 가 전개되었습니다. 당시 불교는 교리적인 논의에만 치중 하여 일반 대중을 외면한 채 소수의 출가승들만이 이해할 수 있는 성향으로 흐르게 되자 대승불교도들은 그들을 비판 하고 소승이라고 부르며 공격하기에 이르렀지요. 바로 이들이 불타의 근본정신으로 돌아가자는 슬로건을 내걸고 일으킨 불교운동이 바로 대승불교운동이고 또 그들의 교단에서 편집한 경전을 바로 대승경전이라고 합니다.

그러나 시대와 수행자에 따라 표현방식과 언어의 구사가 다르기에 경전과 불교사상의 전개 그리고 실천방법이 똑같을 수는 없으나 그 안에 흐르는 진리는 궁극적으로는 다를 바가 없다고 하겠습니다. 또한 여기서 세계 4대 종교의 교조들 가운데는 그 누구도 자신이 직접 기술한 성전은 없다는 사실에 주목하고 싶습니다. 예를 들면《구약》이든《신약》이든《코란(koran)》이든 그 어떤 성전도 모두가 제자들의 기억에 의해 후대에 들어와서 편찬된 것들입니다.

아무튼 불교를 잘 모르는 사람들까지도 '대승불교' 하면 제일 먼저 떠오르는 것이 공(空)사상일 겁니다. 그만큼 공사상은 불교를 대표하는 사상으로 인식되어 왔지만, 정작 공사상을 어떻게 이해하고 또한 설명할 수 있는가 하는 것은 전혀 별개의 문제일 수 있습니다. 아마도 그것은 어떤 의미에서는 궁극적 실재를 표현하고 있는 인간의 마지막 언어라고 말해도 과언은 아닐 것입니다.

그러나 일반적인 상식이나 일상생활에 젖어 있는 평범

한 우리들로서는 도저히 이해가 되지 않는 부분도 없지는 않습니다. 그렇기 때문에 더욱더 알고 싶고, 또한 빠져들 수밖에 없는 상당한 매력을 지닌 사상이라고도 말할 수 있겠습니다. 이러한 공사상에 대하여 최초로 설명하고 있는 경전이 바로《반야경》이고, 또한 이 경전은 가장 빠른 시기에 성립한 대승경전이기도 합니다. 그리고 이것은 엄밀한 의미에서는 '반야경전류' 혹은 '반야부 경전'이라고 불러야 하는데, 그 이유는 반야경전에 속하는 경전만도 수십 종류에 이르며 현존하는 대승경전의 3분의 1에 해당하는 분량만큼이나 그 경명도 아주 다양하기 때문입니다.

이 가운데 특히 중요한 열 가지를 '십본반야(十本般若)'라고 하는데, ①《소품반야경》②《대품반야경》③《인왕반야경》④《금강반야경》⑤《반야심경》⑥《유수반야경》⑦《문수반야경》⑧《승천왕반야경》⑨《대반야경》⑩《이취반야경》이 그것입니다. 이 가운데서 ③번과 ⑤번 이외에는 모두 ⑨번의 600권《대반야경》에 포함되어 있습니다.

그러면 이쯤해서《소품반야경》이 차지하는 위상과 그 내용을 살펴보도록 하지요. 대승경전의 성립과정을 초기·중기·후기로 나눌 때《반야경》은 바로 초기에 해당하는

　　　　　　　　　　　　　왕초보, 경전박사 되다

경전입니다. 그리고 원시불교가 연기사상에 바탕을 두고 있었다면 대승불교는 바로 공(空)사상에서 출발하고 있습니다.

《소품반야경》은 10여 종의 산스크리트본과 12여 종의 티베트본 그리고 한역본은 무려 42종의 동본이역(同本異譯)이 나올 정도로 선호되었던 경전입니다. 좀더 구체적으로 설명하면, 중국인들에게 대승불교를 처음 전달한 지루가참 번역의 《도행반야경》을 비롯하여 《대명도무극경(大明度無極經)》 등이 현존하고 있습니다. 그리고 《소품반야경》을 일명 '팔천송(八千頌)반야'라고도 부르는 것은 범본의 게송 수가 팔천여 개인 점에 연유하고 있습니다.

《소품반야경》의 갖춘 경명인 《마하반야바라밀경》을 해석하면 그대로 이 경전의 개요를 알 수 있습니다. 즉 마하(Mahā)는 크고 위대하다는 의미이고, 반야(Prajñā)는 지혜이지만 중생들의 얄팍하고 상대적인 지혜가 아니라 절대적인 최고의 지혜, 즉 불지혜(佛智慧)를 가리킵니다. 바라밀(Pāramitā)은 두 가지 뜻이 있는데 하나는 도피안(到彼岸)을 뜻하고, 또 다른 하나는 완성을 가리킵니다. 즉 번뇌의 차안(此岸)으로부터 열반의 피안(彼岸)에 도달[到]할 수 있다는 의미가 내재되어 있으며, 바로 그 바라밀의 실천에 의해 지혜를 완성시킨다는 뜻도 담겨 있습니다.

요컨대 《소품반야경》은 '바라밀을 어떻게 닦아야 하는가'를 바로 지혜제일인 수보리를 등장시켜서 그 해답을 들려 주고 있는 대승불교 초기경전입니다.

숫타니파타

시와 같은 짧은 글귀의 형태로 전해지는 경전 가운데 《법구경》과 함께 가장 많이 애송되고 있는 경전이 바로 이 《숫타니파타》입니다.

불교의 많은 경전 중에서도 비교적 초기에 이루어진 경전이라는 점에서도 그 비중이 클 뿐 아니라 역사적인 인물로서의 불타 석가모니의 생생한 육성에 가까운 법음을 들을 수 있고 또 초기불교를 이해하는 데 이보다 더 중요한 자료는 없을 것입니다.

《숫타니파타》의 원명인 숫타(Sutta)는 경이라는 뜻이고

니파타(nipata)는 집합이라는 의미로써 이를 합하면 '경집(經集)'이 됩니다. 다시 말하면 다른 경들은 각기 어떤 일관된 내용이나 기술상의 성격에 따라 특정한 명칭을 붙일 만한 특징이 있으나 이 경에는 그런 것이 없어 그냥 '경의 모음'이라는 의미의 명칭을 붙인 것입니다.

《숫타니파타》에는 소제목을 가진 경이 70여 개나 들어 있는데 이를 크게 나누면 다섯 장 즉 〈사품(蛇品)〉〈소품(小品)〉〈대품(大品)〉〈의품(義品)〉〈피안도품(彼岸道品)〉 등입니다. 이렇게 다섯 장에 들어 있는 총 1,149수의 운문들은 한결같이 수행자가 지켜야 할 마음가짐이 주된 내용이지만 때로는 간결하게 교리문제를 언급하기도 하였습니다. 그렇지만 '경의 모음'이라는 경명에서도 알 수 있듯이 경전 전체에 걸쳐 일관된 주제를 도출하기는 어렵습니다.

그러나 무엇보다도 이 경전의 가장 뛰어난 점을 들자면 내용의 소박함이라 할 수 있는데 다른 경전들이 주로 현학적인 이론에 치중하고 있는 데 비하여 이 경은 그런 부담이 전혀 없다는 점입니다. 때문에 이 경은 꼭 수행자나 불자가 아니더라도 누구나 가볍게 접할 수 있습니다. 즉 《숫타니

왕초보, 경전박사 되다

파타》에는 어떤 현학적인 교리도 없을뿐더러 놀라운 참신성으로 현대를 사는 우리들에게 강렬하게 다가오는 호소력을 느낄 수 있습니다.

구체적인 내용을 살펴보면 제1장에서는 인간으로서 지녀야 할 마음가짐은 어떠한 것인가 하는 내용인데, 특히 수행자의 자세를 '뱀의 허물'이라는 유명한 비유로 묘사하고 있습니다. 제2장에서는 부처님께서 당신의 아들인 라훌라를 꾸짖음으로써 더불어 살아가는 데 있어 자신이 어떻게 처신해야 하는가를 알려 주고, 또한 위선적인 친구에 대하여 '나는 당신의 친구'라고 하면서도 할 수 있는 일을 맡아서 도와주지 않는 사람, 그는 친구가 아님을 알아야 한다고 경계하고 있습니다. 제3장에서는 사성(四姓)의 평등한 이치를 누구나 이해할 수 있도록 설명하고 있으며, 제4장에서는 분노가 가져오는 폐단에 대하여 자신은 물론이거니와 타인과 사회에까지 얼마나 해악을 끼치는가를 역설하고 있습니다.

그런데 이 제4장만 한역되어 대장경에 수록되어 있었기 때문에 한역대장경에 의존하던 우리나라에서는 《숫타니파타》가 일반인들에게 일찍 알려지지 않았던 것입니다. 그리고 제5장은 전체가 통일된 내용으로 이루어져 있는데 특히 열여섯 바라문과 부처님의 문답이 실려 있습니다.

그리고 《숫타니파타》에는 닛데사(Niddesa : 義釋)라는 오래된 주석서도 전해오고 있는데, 그 내용이 전체에 대한 것이 아니라 부분적인 어구의 주해인 것으로 미루어 볼 때 그때까지도 《숫타니파타》가 전체적으로 성립되지 않았음을 알 수 있습니다. 따라서 이 《숫타니파타》는 현존하는 경전 가운데 가장 오래된 자료로 평가받는 만큼 소박한 형태의 불교사상은 물론 최초기의 불교교단의 모습까지도 잘 반영되어 있습니다.

뿐만 아니라 소치는 사람과 부처님이 교대로 만족에 대해 이야기하는 대목은 참으로 감동적이라고 하겠습니다.

자녀가 있는 이는 자녀로 인해 근심하고
소를 가진 이는 소 때문에 걱정한다.
사람들이 집착하는 것은 마침내 근심이 된다.
집착할 것이 없는 사람은 근심할 것도 없다.

정말 그렇습니다. 우리들 범부는 소유와 집착이 가져다

왕초보, 경전박사 되다

주는 작은 기쁨에 연연하지만 부처님께서는 소유와 집착이 결과적으로 가져올 근심과 실망을 말씀해 주신 것입니다.

　이와 같은 내용으로 채워진 경전이기 때문에 가끔씩 우리들의 삶이 고달프다고 느낄 때나 화가 나서 힘이 들 때나 누군가에게 답답한 가슴을 하소연이라도 하고 싶은 그럴 때에《숫타니파타》를 펼쳐 보십시오. 분명히 이 경전을 통해서 위안을 받고 지혜의 눈을 열어 안정된 마음을 되찾게 될 것입니다.

승만경

勝鬘經

부처님께서는 "그의 출생을 묻지 말고, 다만 그의 행위를 물어라."고 하실 정도로 당시의 사회적 신분차별을 부정하고 평등사상을 주장하신 분입니다.

그런데 부처님 당시보다도 2천여 년이 지난 오늘날에 그것도 정의와 예의를 우선시해야 할 국회에서 어느 여성 의원이 다른 남성 국회의원으로부터 모욕적인 발언을 듣고 단식투쟁까지 하고서야 비로소 사과를 받았다는 일화는 참으로 우리 사회의 부끄러운 실체를 보여 주는 것 같아 기분이 씁쓸합니다.

왕초보, 경전박사 되다

남녀평등이란 각자의 성별에 따른 고유한 영역과 존재 가치를 서로가 인정해 주고, 그 인정하에 노력과 최선을 다하자는 뜻일 것입니다. 이러한 평등사상을 대변이나 하듯이 여성불자가 설한 경전이 있는데 바로《승만경》입니다. 다시 말하면 이 경전의 주인공은 부처님도 아니고 출가자도 아닌 승만부인이라는 한 여성이고, 그녀의 설법이 이 경전의 내용을 이루고 있습니다.

《승만경》은 불이법문(不二法門)의 주인공으로 알려진 유마거사가 설법한《유마경》과 더불어 재가중심의 대승불교를 천명하는 대표적인 경전입니다.

이 경전의 원래 이름은《승만사자후일승대방편방광경(勝鬘師子吼一乘大方便方廣經)》이지만, 보통 줄여서《승만경》이라고 부르고 있습니다. 그 의미는 '승만부인이 일승의 대방편을 널리 전개시키기 위해 사자후를 한 경전' 이지요.

《승만경》의 산스크리트 원본은 온전히 존재하지 않고 현재 단편으로만 남아 있고, 티베트 번역본은 현존하고 있습니다. 한역본은 모두 두 종류가 있는데, 구나발타라(求那跋陀羅)의《승만사자후일승대방편방광경》과 보리유지의《승만부인회》입니다. 이 중 구나발타라의 번역본이 가장 널리 독송되고 있습니다.

경전의 구성은 전체 15장으로 이루어져 있습니다. 구체적인 내용을 살펴보면 이 경전의 주인공인 승만은 '아유타국'의 국왕 우칭의 부인으로 천성이 지혜롭고 마음씨가 고운데다 미모 또한 아름다웠다고 전하고 있습니다.

그런데 승만의 부모는 일찍이 부처님의 가르침 속에 행복이 있음을 깨닫고 딸에게 편지를 써서 부처님의 말씀을 일러 주었지요. 사실 시집 간 딸에게 친정 부모의 편지는 커다란 반가움이 아닐 수 없을 겁니다. 승만은 편지를 받고 단순히 기뻐하는 데 그치지 않고 부처님의 가르침에 감동하여 하루빨리 부처님의 설법을 직접 들을 수 있기를 간절히 빌었습니다.

그때 부처님께서는 기원정사에 계셨는데 신통력으로 승만의 마음을 아시고 곧바로 그녀 앞에 나타나셨지요. 승만의 감격은 이루 말할 수가 없었고 진심으로 부처님께 귀의하여 현재뿐만 아니라 미래세까지 구원해 주실 것을 간청하였습니다. 부처님은 그녀가 미래세에는 '보광여래(普光如來)'가 될 것이라는 수기(授記)를 내려 주십니다. 여기서 우리는 '여인성불(女人成佛)'은 물론 돈독한 신심과 수

행 여하에 따라서는 누구라도 성불할 수 있다는 것을 확신
할 수 있습니다.

그리하여 수기를 받은 승만은 부처님 앞에서 십대수(十
大受)와 삼대원(三大願)을 세우고, 깨달음에 이를 때까지
서원을 굳게 지킬 것을 맹세합니다. 승만이 세운 열 가지
내용은 대승불교의 참 정신을 구현하기 위해서는 우리 자
신이 무엇부터 실천해야 할 것인가를 분명하게 깨우쳐 주
고 있습니다. 이러한 서원들은 그 하나 하나가 현대사회에
서도 지켜야 할 현실생활의 실천지표라고 할 수 있습니다.
더구나 '진리를 받들어 끝내 놓치지 않겠다'는 마지막 서
원은 이 경전의 처음부터 끝까지 관통하고 있는 기본 정신
이기도 합니다.

그리고 승만은 열 가지 서원을 다시 요약하고 정리하여
삼대원으로 함축하였는데, 첫째 정법의 지혜를 얻겠다는
것, 둘째 정법의 지혜를 중생들에게 펴겠다는 것, 셋째 정
법의 지혜를 몸과 목숨과 재산을 다 바쳐서라도 지키겠다
는 것입니다. 때문에 부처님께서는 보살의 모든 서원은 이
'삼대원'에 다 포함된다고 말씀하셨습니다.

이어서 승만은 자신의 정법섭수(正法攝受)가 부처님의

가르침과 조금도 어긋난 것이 없음을 여러 사람들에게 밝히고 싶다는 뜻을 부처님께 말씀드리게 됩니다. 부처님께서는 즉석에서 그렇게 하라고 허락을 하시고, 그녀의 설법이 시작되는데 이때의 설법을 일컬어서 '승만의 사자후(獅子吼)'라고 합니다. '사자후'란 사자가 울부짖음으로 뭇 짐승들을 굴복시키듯이 진리의 강한 힘을 상징하는 말입니다.

승만은 이 설법에서 모든 사람들은 부처가 될 수 있는 가능성, 즉 불성을 갖추고 있다고 역설하였는데, 이 점을 들어 후대에서는 《승만경》을 여래장사상을 설한 경전이라 하고 있습니다. 사실 여래장은 우리들의 본성이면서 청정한 존재임이 분명합니다. 그런 의미에서 우리의 마음 역시 본성상 청정하다고 할 수 있겠습니다. 그러나 실제로 우리의 마음은 외래적인 번뇌에 의해 오염되기도 하는데, 자성청정한 마음이면서도 오염된다는 점은 참으로 이해하기 어렵다고 승만 역시 고백하고 있습니다. 그러자 부처님은 마치 구름이 태양을 가리면 어둡게 되지만 그렇다고 태양빛 그 자체가 사라진 것은 아니듯이 근본적으로는 번뇌에 물들지 않는다고 설해 주십니다.

이윽고 승만의 설법이 끝나자, 부처님께서는 그녀를 크

게 칭찬하신 후에 '내 뜻과 조금도 다름이 없다'라고 증명을 해 주셨습니다.

그리고서 부처님께서는 허공을 밟고 기원정사로 돌아가셨다고 경전은 전하고 있습니다. 물리적 차원에서만 본다면 미상불 그것은 불가능한 일임에 틀림이 없습니다. 그러나 신앙의 세계에서는 합리적으로 설명할 수 없는 신비로운 일들이 다른 종교의 경우에서도 얼마든지 일어나고 있습니다. 또한 불교에서는 부처님을 단순히 인격적 존재로만 보지 않고, 시간과 공간을 초월하여 우주에 충만해 있는 진리 그 자체라고 보기 때문에 전혀 이상할 게 없는 것입니다.

이와 같이 중생구제를 평등사상 위에 기저를 두고 본다면 남녀의 구별은 있을 수 없다고 주장하는 경전이 바로 이 《승만경》이라 하겠습니다.

아미타경

우리가 부르는 불보살님의 명호 가운데 가장 친근한 명호는 '아미타불'일 것입니다. 원래는 '나무아미타불'이라고 하여 '아미타 부처님께 귀의합니다'라는 뜻으로 불리고 있지요.

《아미타경》은 바로 '아미타부처님'과 그 분이 계시는 정토의 장엄한 세계를 설함과 동시에 정토에 왕생하는 방법을 알려 주고 있습니다. 그러한 의미에서 본다면《관무량수경》과《무량수경》의 내용을 요약한 경전이라 할 수 있습니다.

아미타불은 통칭되는 명호가 두 가지가 있습니다. 하나는 '아미타유스(amitāyus)'로서 '아(a)'는 없다는 부정을 의미하고 '미타(mitā)'는 헤아리다는 뜻인데 합치면 헤아릴 수 없으니까 '무량하다'는 의미가 되고, 거기에 수명과 목숨의 의미를 가진 '아유스(āyus)'를 보태면 바로 '무량수불'이 됩니다. 그리고 '아미타바(amitābha)'의 경우도 '아바(ābha)'는 빛을 의미하기 때문에 '무량광불'로 번역이 되지만 어느 쪽도 소리를 그대로 옮긴 아미타불을 가리키고 있습니다.

《아미타경》의 범본은 네팔과 일본 등지에서 여러 가지 사본이 전해지고 있으며 8세기 무렵에 번역된 티베트본도 현존하고 있습니다. 한역본은 세 종류가 있는데 우리가 주로 독송하는 경전은 간결하고 수려한 문체로 구마라집이 402년에 번역한 것입니다. 그뿐 아니라 이 경전은 영역도 있고 주석서와 연구서 역시 헤아릴 수 없을 정도로 많습니다.

그리고 《아미타경》은 일명 《사지경(四紙經)》이라는 별명으로 불릴 정도로 분량은 비록 적지만, 아주 쉽게 정토사상을 설명하고 있습니다. 또한 대부분의 경전들은 제자들의 간청으로 인해 설법이 이루어진 것임에 비하여 《아미타경》은 부처님께서 스스로 설하신 소위 '무문자설(無問自說)'의 경전입니다.

그러면 그 내용을 경전 분류방법에 따라 설명하겠습니다. 서론에 해당하는 서분(序分)에서는 부처님이 기원정사에서 장로 사리불을 위시한 여러 제자들과 문수보살 등 수많은 보살들이 모여 있는 자리에서 설법하시는 법회의 모습을 묘사하고 있습니다.

그 다음 본론에 해당하는 정종분(正宗分)은 모두 4장으로 나눌 수가 있는데, 제1장은 극락세계를 아주 사실적으로 묘사하여 우리 모두 가 보고 싶은 마음이 우러날 정도로 실감나게 기술하고 있습니다. 제2장은 그곳에 가고자 하는 사람은 아미타불의 명호를 1일 또는 7일 동안 일심으로 불러야 한다고 합니다. 제3장은 극락은 모든 불국토 가운데서도 가장 뛰어나며, 7일간의 염불공덕으로도 반드시 왕생할 수 있음을 제불(諸佛)보살이 증명하고 있습니다. 제4장은 이 경전을 믿고 염불 수행한다면 내세에는 반드시 왕생할 수 있다고 강조하는 내용입니다.

마지막 결론에 해당하는 유통분(流通分)에서는 이 법문을 들은 대중들이 한결같이 환희하는 마음을 일으켰다는

왕초보, 경전박사 되다

내용입니다.

이렇게 《아미타경》은 극락정토의 염원과 정토에 이르는 방법을 알려 주는 경전입니다. 바로 이러한 특징 때문에 《관무량수경》 《무량수경》과 함께 '정토삼부경'이라고도 합니다. 그럼 정토삼부경의 사상을 간략히 살펴보도록 하겠습니다.

불교에서는 예토(穢土)와 정토(淨土)가 있는데 전자는 더럽고 고통스러운 세계인 반면 후자는 깨끗한 세계이면서 즐거움만이 있는 곳이라는 뜻입니다. 그러므로 정토에는 극락정토 이외에도 미륵정토·약사정토·화엄정토 등이 있지만, 일반적으로 극락정토를 지칭하는 예가 많고 '정토삼부경'에서는 특히 아미타불이 계시는 극락정토만을 주제로 설하고 있습니다.

그리고 다른 경전들과는 달리 '타력신앙'이 강조되어 있는데, 이때 타(他)는 바로 '아미타불'을 가리키고 력(力)은 '원력'의 힘을 말합니다. 그래서 일반적으로 염불은 '타력'이라 하고, 참선은 자기 힘에 의지하는 '자력(自力)'이라고 합니다만, 엄밀한 의미에서는 자·타력을 나누어 설명하기가 어렵습니다. 그것은 일심으로 염불하는 수행 그 자체가 이미 자력적인 것이고, 참선하여 성불할 수 있다고 믿는 그 자체에도 타력적인 요소가 있기 때문입니다.

또한 정토삼부경은 본원(本願)의 대표적 경전으로 알려져 있습니다. 본원사상에 대해 간략하게 설명해 보면, 소승불교에서 대승불교로 교리가 발달하면서 가장 두드러진 특징이 수많은 불보살의 출현인데 이 불보살들은 각기 나름대로 독특한 사상을 지닌 모습으로 표현되고 있습니다. 이러한 모습은 보살들의 '본원' 혹은 '서원'으로 인해 달라지는 것입니다. 이렇게 불보살님 한 분 한 분이 가지는 원을 '본원' 또는 '별원(別願)'이라고 하고, 모든 불보살이 다 같이 갖는 공통적인 원을 '총원(總願)'이라 하는데 예를 들면, 사홍서원과 같은 것이 여기에 해당합니다.

왕초보, 경전박사 되다

아함경

　근래에 접어들면서《아함경》에 대한 관심이 고조되고 있는 것은 늦은 감이 있으나 그래도 다행스러운 일이 아닐 수 없습니다. 왜냐하면《아함경》은 초기불교를 이해하는 데 있어 기초자료가 되고 또한 부처님의 말씀(직설)에 가장 가까운 경전이라는 점들이 점점 밝혀지고 있기 때문입니다.

　우리가 한 가지 사안을 놓고 이렇게도 저렇게도 말할 수 있는 것은 그 문제가 지니고 있는 가능성 때문이듯이 대승 경전을 소홀히 하자는 의미가 아니라 그 원천이 되고 있는《아함경》에 대한 올바른 이해는 대승불교사상을 보다 분명하게 드러내 주기 때문입니다.

《아함경》은 수많은 소승경전들을 집대성해 놓은 경전입니다. 무슨 소리냐 하면《육방예경》《사문과경》《숫타니파타》등의 여러 경전들이 모두 아함경전을 구성하고 있는 단독 경전이라는 뜻입니다.

따라서《아함경》은 한 권의 경전을 지칭하는 말이 아니라 방대한 여러 경전군(群)을 말하는 것이며, 그런 의미에서 아함경전은 초기경전의 전집이라고 해야 할 것입니다.

주지하듯이 초기불교시대 부처님으로부터 들은 가르침을 될 수 있는 대로 기억하기 쉽게 게송이나 짧은 산문 형태로 만들고 이것을 입에서 입으로 전해 왔는데 이렇게 암송하여 구전되고 전승된 가르침이라는 의미에서《아함경》은 그 권위를 인정받고 있습니다.

'아함(阿含)' 이란 범어의 '아가마(āgama)' 를 소리나는 대로 한자로 옮긴 것인데 '간다' 는 의미인 'gam' 에다 '이쪽으로' 라는 뜻을 나타내는 접두사 'ā' 를 붙여서 만들어진 단어입니다. 그래서 '전승된 가르침' 이라는 의미로 해석하고 있습니다.

따라서 부처님 가르침의 초기형태를 찾을 수 있는 경전

일 뿐만 아니라 대승경전도 실은 《아함경》의 기조 위에서 변화하고 발전한 것이라고 말할 수 있습니다. 이와 같이 《아함경》은 초기에 설법하신 부처님의 말씀을 엮어 모은 것이기 때문에 그 형태가 동일하지는 않습니다.

먼저 전승된 가르침이라는 의미가 그대로 전해지고 있는 팔리어본은 5니카야(Pañca-nikāya) 즉 오부(五部)로 나누어져 있는데, ① 장부(長部)가 34경이고 ② 중부(中部)는 152경 ③ 상응부(相應部)는 7,762경 ④ 증지부(增支部)는 9,557경 ⑤ 소부(小部)는 15경이 수록되어 있습니다.

그러나 한역본은 네 가지로 분류되어 있는데, ① 장아함(長阿含 : 22권 30경) ② 중아함(中阿含 : 60권 222경) ③ 잡아함(雜阿含 : 50권 1,362경) ④ 증일아함(增一阿含 : 51권 472경)이 전부입니다. 그리고 한역본은 한문만이 지니는 묘미와 특색 때문에 경명만으로도 알 수가 있는데, 즉 내용이 비교적 긴 경전을 엮어 모은 것이 《장아함경》이고, 중간 길이의 경전이 《중아함경》, 짧은 길이의 경전이 《잡아함경》임을 알 수 있기 때문입니다. 그리고 마지막 《증일아함경》은 법수(法數)와 관련된 경전만을 모아 엮은 것임을 짐작할 수가 있습니다.

위의 5니카야와 4아함을 비교해 보면, 우선 《장부》와 《장아함》은 양과 그 내용이 서로 비슷하고, 《중부》와 《중아함》도 마찬가지입니다. 그러나 《상응부》와 《잡아함》은 명칭도 다르고 수량에 차이가 있는 것으로 보아 후대에 와서 증감된 것으로 추측할 수 있으나 내용 면에서는 크게 다르지 않습니다. 그리고 《증지부》와 《증일아함》은 양쪽이 다 법수를 다루고 있고, 《소부》는 다른 장경에 수록되지 않은 경전만을 모은 것으로 한역본에는 해당하는 경전이 없습니다. 때문에 한역본이 없는 《숫타니파타》《법구경》《장로니게》 등이 수록되어 있어 자료적인 면에서도 높이 인정받고 있으며 가장 후대에 편찬된 것입니다. 다만 사분율(四分律)이나 오분율(五分律)에서 《잡아함경(雜阿含經)》의 내용과 비슷한 부분이 보이고 있을 뿐입니다. 그러나 기본적으로는 5니카야와 4아함이 같은 계통의 경전류임은 의심할 여지가 없습니다.

그러면 구체적으로 누가 언제 번역하였고 그 내용의 요점은 무엇인가에 대해서 살펴보도록 하겠습니다.

《아함경》은 그 중요성을 입증이나 하듯이 《5니카야(Nikāya)》가 남방불교권에 전해지고 북방불교권에는 《4아

왕초보, 경전박사 되다

함》이 한역되어 전해지고 있습니다. 남방불교와 북방불교가 상이한 전통과 경론을 가지고 있으면서도 한결같이 《아함경》의 근본교설을 근거로 하고 있다는 점은 간과할 수 없습니다. 즉 《아함경》이 불교연구의 출발점이자 불교의 본질에 대한 올바른 이해를 도출시켜 주는 역할까지 담당하고 있다고 하겠습니다.

우리가 친근하게 접할 수 있는 한역본을 중심으로 말씀드리자면, 《장아함경》은 413년 불타야사와 축법념이 공역을 하였고, 《중아함경》은 397년 승가제바가, 《잡아함경》은 443년 구나발타라가, 그리고 《증일아함경》은 397년 승가제바가 번역한 것인데 그 내용의 사상적 입장과 법수(法數)의 취급 방법 등이 매우 정교하게 편집되어 있습니다.

그런데 현재 동남아의 불교국가 즉 스리랑카 · 미얀마 · 태국 등에서 유통되고 있는 경전들은 모두가 《5니카야》에 속하는 경전들입니다. 또한 서구의 불교학자들은 이 《5니카야》를 중심으로 불교연구를 하고 있습니다.

그리고 이것은 별도의 문제이지만 《아함경》의 경우 편집방침을 놓고 후대의 학자들 사이에서 이견(異見)이 있듯이 팔리어본의 《5니카야》와 한역본의 《4아함》을 비교해 보면 상당한 차이가 있기 때문에 몇 번인가의 수정을 거쳐서 현존하는 《5니카야》와 《4아함》으로 정착되었을 것으로 보고 있습니다. 특히 한역의 《4아함》은 여러 부파의 경장이 각기 따로 따로 번역되어 성립된 것으로 추정되는데 현재 우리가 접하고 있는 한역본, 즉 총 183권 2,086경이나 되는 방대한 분량 중에는 편집하는 과정에서 중복된 것이라든가 내용은 같고 형식이 다른 것도 상당수 포함되어 있다고 할 수 있습니다.

아무튼 어떤 이들은 《아함경》은 맨 처음에 공부해야 된다고 하고, 또 어떤 이들은 맨 나중에 보아야 된다고들 하는데, 글쎄요. 제 입장에서는 원과 같은 경우라고 생각됩니다. 즉 원을 그릴 때 첫 출발점이 바로 마지막 점과 만나는 곳이듯이 《아함경》은 불교라는 긴 여로에서 제일 먼저 읽어두어야 할 안내서이면서 동시에 마지막 귀로에서 전체를 다시 점검해 보는 확인 필증과도 같다고나 할까요.

그렇다면 《아함경》은 이처럼 방대한 양을 통해서 과연 궁극적으로 무엇을 말하고자 하는가의 문제가 제기됩니다.

《아함경》에는 다양한 기초교리가 자유롭게 설해져 있고 또한 철학적인 사유 방법과 진리인식의 과정 그리고 그 결과로 자각된 연기설 등으로 채워져 있지만 교설의 기본 사상은 사성제(四聖諦)로 집약할 수가 있습니다. 그것은 마치 노루나 토끼의 발자국이 모두 코끼리의 발자국에 지워지듯이〔象足痕喩〕여러 가지 교설은 사성제의 내용에 다 포섭되기 때문입니다.

뿐만 아니라 삼법인을 비롯해서 불교의 체계적 교설과 출가·재가의 수행방법과 그 과보 등에 대하여 명쾌한 해답을 제시해 주고 있습니다. 간결하되 깊이가 있고, 소박하되 운치를 잃지 않는 내용이라고 하겠습니다.

말하자면 《장아함》은 부처님께서 당시 교단 이외의 사람들을 만나 정법을 가르치며 외도의 그릇된 주장을 논파하는 것을 주 내용으로 하며, 《중아함》은 부처님과 여러 비구들의 법담이 주 내용이며, 《잡아함》은 아주 짧은 길이의 경들이 주 내용인데 교리적인 내용이 많이 차지하고 있습니다. 특히 《잡아함》에는 참선 수행의 필요성과 방법, 부처님의 수행 모습이 상세히 언급된 많은 종류의 경전이 수록되어 있지요. 한편 《증일아함》은 부처님의 가르침을 숫자에 의거하여 수록되어 있는 경전으로 1에서 10까지의 숫자에 관계된 가르침이 차례로 열거되어 있습니다.

특히 《아함경》에서 보이는 부처님은 인간적인 너무나도 인간적인 부처님 상이라는 공통점이 주목됩니다. 다시 말해서 부처님에 대한 초월적인 모습이라든가 부처님을 진리로 보고자 하는 형이상학적인 요소는 거의 배제되어 있고 그야말로 중생들 속에서 그들의 고뇌가 무엇인가를, 삶의 진정한 의미가 무엇인가를 깨우쳐 주고자 부단히 노력하는 부처님의 모습과 만날 수 있습니다. 그리하여 우리와는 달리 많은 중생을 위해 참으로 힘든 길을 선택하신 분이라는 느낌을 지울 수가 없습니다.

그런 의미에서 가장 진솔하게 부처님의 설법을 기록하고 있는 《아함경》을 꼭 권해 드리고 싶습니다.

안반수의경

　모든 고통과 고민은 바로 나 자신을 중심으로 생겨난 것
인데도 불구하고 우리는 그 원인을 바깥에서 찾고자 하기
때문에 오히려 일을 더 어렵게 만들거나 그르치는 경우가
많습니다. 마치 나무의 새싹과 열매가 바로 그 나무에서 만
들어지듯이 모든 고통은 자신으로부터 연유하고 있음을 알
아야 할 것입니다.

　그렇다면 자신을 얽어매고 있는 속박으로부터 벗어나는
방법은 없을까요? 그것을 알고 싶다면《안반수의경》을 한
번 펼쳐보시기 바랍니다. 왜냐하면 정신을 집중시켜 마음

을 가다듬게 하는 실제적인 수행방법이 가장 체계적으로
설명되어 있기 때문입니다.

이 경전은 범어로 아나아빠나사티(ānāpānasati)인데 한
문으로는《안반수의경(安般守意經)》이라 번역하였고 줄여
서《안반경》혹은《수의경》으로 부르기도 합니다.

중국에 현존하는 가장 오래된 경전 목록인《출삼장기집
(出三藏記集)》에 의하면, 중국 역경사에서 최초로 등장하
는 안세고스님이 148년 낙양에서 번역한 경전이 바로 이
《안반수의경》이라고 소개하고 있습니다. 안세고스님은 원
래 안식국(安息國 : 중앙아시아)의 태자로 태어났으나 숙부
에게 왕위를 물려주고 출가하였는데 이는 부처님께서 왕위
를 버리시고 출가하신 일에 견주기도 합니다.

이 경에서 안(安 : āna)은 숨을 내쉬는 것〔出息〕을 의미
하고, 반(般 : apāna)은 숨을 들이쉬는 것〔入息〕을 뜻하기
때문에 실은 '숨의 출입〔出入息〕'을 설명한 경전이라고 제
목을 붙여야 할 것이나 원음을 소리나는 대로 옮겨서 안반
이라고 부르게 된 것입니다. 그리고 수의(守意 : sati)란 정
신집중을 의미하므로 이 둘을 합치면 호흡에다 정신을 집
중시켜서 마음을 가라앉히는 수행법을 설한 경전이라는 의

미가 되겠지요.

경전의 내용을 살펴보면 전체가 두 권으로 되어 있는데 상권은 정신을 집중하는 여섯 가지 수행법으로 깨달음에 이르는 과정을 설명하고 있고, 하권에서는 여섯 가지 수행법을 37조도품에 대비시켜서 상호간의 작용을 밝히고 있습니다.

좀더 자세히 설명하면 상권의 여섯 가지 수행방법이란 먼저 수식(數息)은 마음을 단전에 모으고 호흡을 헤아리는 것, 상수(相隨)는 마음과 호흡이 무의식적으로 서로를 따르게 하는 것, 지(止)는 마음과 호흡이 하나가 되어 한 곳에 머무르게 하는 것, 관(觀)은 마음이 호흡과 일치되면서 자유로이 관조하는 것, 환(還)은 마음이 본래의 상태로 되돌아와서 밖으로 달려가거나 흩어지는 일이 없이 여여한 상태, 정(淨)은 어디에도 걸리지 않는 청정본심이 지속되는 것을 말합니다.

여기에서 특히 숨이 들어 오고 나가는 것을 관(觀)하는 수식법(數息法)은 중국인들이 《안반수의경》을 선호하게 된 이유인 동시에 불교가 중국에서 별다른 거부감 없이 자연스럽게 받아들여진 원인이기도 합니다. 왜냐하면 그들은 당시에 유행하던 도교의 태식법(胎息法)과 수식관을 유사한 것으로 생각하였기 때문에 불교를 호의적으로 받아들일 수 있었던 것이지요.

그리고 경전과는 조금 별개의 이야기지만, 오늘을 살아가는 현대인들에게 지금 당장 하고 싶은 게 무엇이냐고 물었더니 80%는 '아무 생각 없이 쉬는 것'이라고 대답하였다고 합니다. 이때 '아무 생각 없이'라는 말은 무엇을 뜻할까요? 의학적 실험에 의하면 우리의 뇌신경은 어떤 신호가 전달될 때에 자연적으로 뇌파가 발생하는데, 즉 아주 느린 델타파, 중간 정도의 세타파, 아주 빠른 베타파, 그리고 세타파와 베타파 사이에 해당하는 알파파가 있다고 합니다. 현대인들에게 가장 많이 발생되는 베타파는 사람을 긴장시켜서 고혈압이나 면역기능 저하, 기억력 감퇴를 가져 오는 반면에 알파파는 사람들의 마음을 가라앉혀서 기분 좋고 건강하게 해 준다고 합니다.

따라서 뇌를 인위적으로 알파파의 상태로 만들어야 하는데, 이때 가장 효과적인 방법이 바로 좌선이나 명상이라고 합니다. 왜 갑자기 뇌파의 이야기를 설명했는지 이제 납득이 가실 겁니다. 우리 인간들은 하루에 최소한 1시간 정

왕초보, 경전박사 되다

도는 뇌를 알파파 상태로 만들어야만 모든 질병을 예방할 수 있답니다. 가령 베토벤의 전원교향곡, 숲 속의 바람 소리, 맑은 시냇물 소리, 시원한 파도 소리, 눈을 밟는 소리, 새 소리와 같은 것을 들을 때도 알파파의 상태가 된다고 합니다.

이것만으로도 《안반수의경》에서 설명하는 호흡법의 실천을 권장할 만한 충분한 이유가 되었으리라 봅니다.

| 병든 이를 구제하다 |

약사경

　어느 정신과 의사가 조사한 바에 의하면 어떠한 식으로든 한 번이라도 시련과 위기를 경험했던 사람들의 85%는 그 위기를 겪음으로써 그 이전의 나쁜 상황, 예를 들면 위태롭던 부부관계를 비롯하여 여러 가지 곤란과 위기를 잘 참아 넘겼다고 합니다.

　그러나 이러한 어려움보다도 '병'이라는 고통은 보다 더 큰 시련이 아닐까 생각됩니다. 왜냐하면 질병이란 자신은 물론이거니와 주변 사람들에게까지도 본의는 아니지만 고통을 안겨 주기 때문입니다. 하지만 또 한편으로 이 병이라

　　　　　　　　　　　　　　　　왕초보, 경전박사 되다

는 고통은 당사자로 하여금 신앙생활을 하게 하거나 또는 신심을 더욱 돈독하게 해서 삶을 새롭고 생기 있게 만드는 원동력이 되기도 합니다.

그러므로 자신이든 가족이든 병으로 인해 고통받는 사람들이 있다면 약사여래께 귀의해 보십시오. 중생들을 모든 질병에서 구해 내고자 12대원을 세우신 부처님이 바로 약사여래이기 때문입니다. 뿐만 아니라 무명이라는 고질병의 치료법을 알고 싶다면 이《약사경》을 독송해 보시기 바랍니다.

이 경전의 정식 명칭은《약사유리광여래본원공덕경(藥師瑠璃光如來本願功德經)》인데 줄여서《약사여래본원경》또는《약사경》이라 부르고 있습니다.

《약사경》은 다른 대승경전과는 달리 범본(梵本)의 원전이 전해지고 있을 뿐만 아니라 한역본만도 네 가지나 현존하고 있는데 그 중에서 현장법사의 번역본이 가장 잘 된 것으로 알려져 있습니다.

약사여래에 대한 신앙은 중생들의 만병을 치유한다는 현세이익적인 입장에서 일찍부터 뿌리를 내려 왔는데, 그것은 초기경전에 해당하는《출요경(出曜經)》에서 이미 약왕보살의 명호가 보이는 데서 미루어 추측할 수 있습니다. 그러나 《약사경》의 성립연대는 동방정토와 서방정토를 함께 서술하여 현세의 안락과 내세의 왕생을 동시에 설하는 신앙의 형태로 보아 《법화경》이나 《무량수경》보다는 후대라고 추정할 수 있습니다.

약사여래는 동방정유리 세계의 교주로서 모든 중생의 질병을 치료하고 재앙을 소멸해 주시는 부처님입니다. 그리고 이 부처님의 모습은 큰 연화대 위에 앉아 왼손에 약병을 들고, 오른손으로는 시무외인(施無畏印)을 맺고 있는 경우가 많습니다.

《약사경》의 내용을 살펴보면, 먼저 서분(序分)의 내용은 세존께서 광엄성(廣嚴城)의 낙음수(樂音樹) 아래서 설법하시는 광경의 서술로 시작됩니다. 이 부분은 문수보살의 질문에 세존께서 답하시는 형식으로 기술되어 있는데 바로 약사여래의 12대원도 이러한 대담 속에 설해지고 있습니다. 약사여래는 과거세에 약왕보살로 수행할 때에 중생들의 아픔과 슬픔을 소멸하기 위해 열두 가지 대원을 세웠는데, 그 12대원 가운데 특히 제6대원의 '일체 불구자로 하여금 신체를 완전하게 갖추도록 하며 온몸이 곪거나 미치거나 하는 온갖 병고가 없게 하는 원'이라든지, 또 제7대원의 '일체 중생으로 하여금 나의 명호를 한 번만이라도 들은 사람은 온갖 질병이 다 없어지고 신심이 안락하며 권속과 재물이 풍족하고 나아가서는 위없는 깨달음을 이루도록 하는 원'과 같은 서원은 약사여래의 특징을 잘 대변하고 있습니다.

그뿐 아니라 약사여래께서는 단순히 중생들을 병고에서 구제하는 데 그치지 않고, 외도·파계자·범법자들에게도 구원의 손길을 펼치고 있는데, 이처럼 구병(救病), 부귀, 복락, 고난으로부터 해탈함과 같이 현실의 고통에서 벗어나려는 대중심리에 부합하는 내용이 폭넓게 기술되어 있습니다.

그 다음 대의를 설명하는 정종분(正宗分)에서는 이 경전의 수지독송으로 인한 공덕과 위력을 설하고 있습니다. 즉 온갖 재앙으로부터 벗어나고 싶은 중생, 외적의 침입과 내란으로 국가가 큰 재난에 처했을 때, 질병이 유행할 때, 약사여래의 본원력을 통하여 모든 중생들이 구제받을 수 있다고 누누이 강조하고 있습니다.

결론에 해당하는 유통분(流通分)에서는 이 경전을 수지

독송하는 이들은 반드시 옹호할 것을 서원한 약사여래의 권속들, 즉 12신장과 야차신 등이 삼보에 귀의하여 견성개오(見性開悟)하였음을 설하고 있습니다.

　이와 같이 인간이라면 누구나 할 것 없이 공통적으로 가지고 있는 정신적, 물질적 혹은 육체적인 수많은 질병에서 중생을 건져 주고자 하는 약사여래의 서원은, 요즘과 같이 병명조차 알 수 없는 희귀한 질병들이 만연하고 있는 이 시대에 더욱 절실한 서원이 아닌가 싶습니다.

　마치 비가 오는 날 누군가를 돕고자 할 때 단순히 우산을 받쳐 주는 것이 아니라 함께 비를 맞으며 걸어가 주는 것이 진정 그 사람을 이해해 주는 일이 되듯이 중생의 병을 자신의 아픔으로 받아들이려는 입장이라 하겠습니다.

왕초보, 경전박사 되다

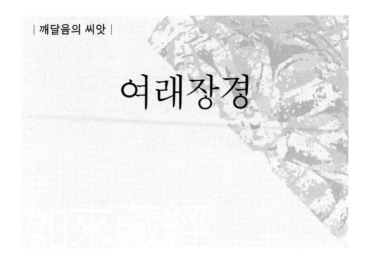

여래장경

　사막이 아름다운 것은 어딘가에 우물이 숨어 있기 때문이라고 생텍쥐페리가 《어린왕자》에서 말하고 있듯이, 우리에게도 부처가 될 수 있는 가능성이 숨겨져 있기 때문에 성불할 수 있는 것입니다.

　그리하여 불교의 궁극적인 목표가 성불이라면 우리는 무엇보다 성불할 수 있다는 확신을 가져야만 할 것입니다. 바로 우리들에게 성불할 수 있다는 근거를 제시해 주는 경전이 있는데 그것은 《여래장경》입니다.

　《여래장경》은 대승불교 중기에 성립된 경전으로 모든 중생들이 깨달을 수 있다는 가능성과 또한 그러한 근기를 지니고 있다고 역설하고 있는 경전입니다. 그러나 아뢰야식(阿賴耶識)과의 관계를 언급하고 있지 않는 걸로 보아 여래장계통의 경전이나 논서 가운데 비교적 이른 시기에 성립한 것으로 보고 있습니다.

이 경전의 범본은 산실되었고, 5세기 초에 불타발타라가 번역한 《대방등여래장경(大方等如來藏經)》과 8세기에 불공(不空)이 번역한 《대방광여래장경(大方廣如來藏經)》그리고 티베트본이 현존하고 있으며, 이 모두를 똑같이 《여래장경》이라고 부르고 있습니다.

먼저 경명에 보이는 '여래장'이라는 산스크리트어는 '타타가타 가르바(tathāgata garbha)'인데 전자는 '여래'를 의미하고 후자는 '태아'나 '모태'를 말합니다. 그리하여 이를 합치면 '여래가 될 씨앗' 또는 '여래의 태아', '여래를 감추고 있는 것'이라는 의미입니다. 다시 말하면 여래가 될 수 있는 가능성이라는 의미인데, 한편에서는 '불성(佛性)'과 동의어로 사용하고 있습니다.

그런데 경전에서는 '여래장'의 의미를 다음과 같이 아홉 가지 비유를 들어 설명하고 있습니다. 첫째 시든 연꽃 속에

왕초보, 경전박사 되다

앉아 계시는 부처님, 둘째 꿀벌 무리 속에 감추어져 있는 꿀, 셋째 곡식의 껍질에 둘러싸여 있는 곡물 씨앗, 넷째 더러운 곳에 떨어져 숨어 있는 순금, 다섯째 가난한 집의 땅속에 묻혀 있는 보물, 여섯째 암라나무 열매 속에 들어 있는 씨앗, 일곱째 더러운 누더기에 싸여 있는 순금상, 여덟째 빈천한 여인이 회임한 고귀한 왕의 아들, 아홉째 진흙에 묻힌 황금상 등입니다.

이 가운데서 몇 가지만 구체적으로 소개하면 '시든 연꽃 속에 앉아 계시는 부처님의 비유'는 연꽃이 필 때는 아름다워도 시든 것은 보기가 좋지 않듯이 탐욕의 번뇌도 처음엔 즐거운 듯하지만 나중에는 괴로움으로 변해 버림을 의미하고 있습니다. 이처럼 중생들은 번뇌 속에 살고 있지만 여래장은 결코 거기에 물들지 않는다는 뜻입니다.

그리고 '꿀벌 무리 속에 감추어져 있는 꿀의 비유'는 꿀이 벼랑의 나뭇가지에 매달려 있고, 그 주위를 무수한 꿀벌들이 지키고 있는데 지혜로운 사람이 벌을 물리치고 감추어진 꿀을 먹고서 그 혜택을 모든 사람들에게 베푼다는 내용입니다. 즉 번뇌(꿀벌의 무리)를 제거하고 여래장(꿀)을 드러낸다는 것입니다.

또한 '더러운 곳에 떨어져 숨어 있는 순금의 비유'는 비록 오물 속에 덮여 있지만 아무리 세월이 지나도 순금(여래장)은 변질되지 않고, 지혜의 눈을 가진 이가 순금의 위치를 모든 사람들에게 알려 주어 그 가치를 발휘하게끔 해 준다는 내용입니다.

이와 같이 다른 비유도 한결같이 외형상으로는 비록 쓸모없고 더럽거나 오염된 것이지만 그 속의 알맹이는 열매, 보물, 씨앗, 황금 등 고귀하고 진실한 것임을 표현하고 이 것은 중생의 마음이 여러 가지 번뇌로 들끓고 있지만 한편에서는 결코 오염될 수 없는 진실하고 부동한 여래의 마음, 즉 여래장을 갖추고 있음을 나타낸 비유들입니다. 다시 말하면 어리석은 중생들에게도 실은 여래와 같은 지혜의 눈과 마음이 있기 때문에 본래는 여래와 동일하다는 뜻이지요.

그러나 보다 중요한 점은 이렇게 말할 수 있는 것은 중생의 입장에서가 아니라 부처님의 입장이기 때문에 비로소 말할 수 있다는 것입니다. 비유컨대 《화엄경》에서 "마음과 부처 그리고 중생은 차별이 없다(心佛及衆生 是三無差別)."라고 한 것도 역시 어디까지나 부처님 쪽에서 바라보았을 때 그렇다는 뜻이겠지요. 그런데도 이를 잘못 해석하

왕초보, 경전박사 되다

여 현재의 자신이 이미 부처가 된 것인 양 행동하는 것은 크게 잘못된 일입니다.

이와 같이 《여래장경》은 대승불교의 궁극적 목표를 적은 분량에 담아 자세히 설명하고 있습니다. 《여래장경》은 인간의 가치와 존엄성을 극대화시키면서, 또 한편으로는 바로 내 자신이 성불할 수 있다는 확신을 줌으로써 수행정진에 매진할 수 있게 하는 경전이라고 할 수 있겠습니다.

옥야경

玉耶經

　부잣집 딸을 며느리로 맞이하고 그 오만함과 방자함에 놀라서 어찌할 줄 모르고 당황해 하는 분을 보신 적은 없으십니까? 아니면 부유한 집안에서 공주처럼 자랐는데 막상 결혼을 하고 보니까 남자의 집안이 너무나도 가난하여서 자신이 속았다며 원망하고 있는 사람을 보신 적은 없으십니까? 그 어느 쪽에 해당하는 경우이든간에 한번쯤《옥야경》을 읽어 보시기 바랍니다.

　《옥야경》은 현재 범본으로 된 원전은 남아 있지 않지만 한역본은 네 종류나 현존하고 있습니다. 먼저 동진시대 담무란이 번역한 《옥야경》과, 같은 시대 승가제바가 번역한 《옥야여경(玉耶女經)》 그리고 유송시대 구나발타라가 번역한 《아속달경(阿遫達經)》과 서진시대의 번역으로 알려지고 있으나 번역자를 알 수 없는 《옥야여경》이 있는데, 이 가운데서 두 번째 것은 팔리어 경전의 증지부(增支部)에 해당하는 경전입니다.

원래 부처님의 설법은 언제나 중생의 근기에 맞추어서 설법하는 대기설법(對機說法)으로 알려져 있지만 《옥야경》의 내용을 보면 대기설법의 묘미가 어떠한 것인지 더욱 잘 드러나 있습니다. 왜냐하면 부처님은 결코 어려운 교리라든가 형이상학적인 교설을 설한 것이 아니라 현실 속에서 우리들이 깨우쳐 알아야 할 삶의 방향을 바로 당사자에게 가장 적절하고 알아듣기 쉽게 설명해 주시기 때문입니다.

그러면 이 경전을 설하시게 된 배경부터 말씀드리겠습니다.

기원정사를 지어서 부처님께 기증한 사람으로 유명한 급고독장자는 아들을 결혼시켰는데, 그 며느리 옥야는 뛰어난 미모로 평판이 높았을 뿐 아니라 친정이 또한 부자였기 때문에 어려서부터 성정이 교만하여 남편을 업신여기고 시부모에게도 불손하게 대하는 일이 한두 번이 아니었습니다.

게다가 타고난 성격이 게으른 탓으로 집안살림을 거두어 보살필 줄도 모르고 놀기를 좋아하여 때로는 탁발을 나온 수행승을 놀려대기까지 할 정도로 방자한 행동도 서슴치 않았는데, 이를 보다 못한 시아버지 급고독장자는 부처님을 찾아 뵙고 고민을 말씀드리게 되었지요. 그는 며느리에 대한 험담을 함으로써 불평불만을 해소하려 한 것도 아닐뿐더러 이혼장에 도장을 찍게 하여 결말을 내고자 한 것도 아니었습니다. 시아버지는 다만 며느리가 스스로 자신의 본성과 본분을 깨달을 수 있도록 부처님께 교화를 간청드렸던 것입니다.

하긴 이러한 일들이 그 시대에만 있었던 일이 아니라 지금 이 사회에서도 있을 법한 얘기입니다. 다만 그 대처방법이 지금과는 전혀 달랐다는 점에서 시사하는 바가 크다고 하겠습니다.

부처님은 불만스러운 표정으로 앉아 있는 옥야를 향해 '너는 나쁜 며느리로구나, 교만한 여자로구나' 라고 나무라신 게 아니라 자비로운 눈길로 바라보시며 "참 잘 왔구나."

왕초보, 경전박사 되다

하고 웃으시면서 조용하게 다음과 같은 말씀을 하셨습니다.

"세상에는 나쁜 아내가 있다. 내가 알고 있는 사람 중에는 남편이 열심히 벌어온 돈을 탕진해 버리는 도둑과 같은 아내, 남편 이외의 남자와 사귀면서 남편을 죽이려고 하는 살인마와 같은 아내, 그리고 남편을 제압하려 드는 지배자와 같은 아내 등이 있다. 이러한 아내들은 앞날에 무서운 과보를 받게 되는 줄을 모르는 사람들이다. 그러나 이들과는 정반대의 생각을 갖고 있는 사람들도 있다. 예를 들면 자식을 사랑하듯이 정성껏 보살펴 주는 어머니와 같은 아내, 오빠를 존경하듯이 다소곳이 순종하는 동생과 같은 아내, 제자가 잘못했을 때 그것을 지적하고 올바르게 충고해 주는 스승과 같은 아내, 남편이 하는 일에 협력하고 이해하려고 하는 아내다운 아내, 이와 같이 남편을 보필하는 아내는 반드시 행복한 생활을 누릴 사람들이다. 그대는 앞으로 어떤 아내가 되고 싶은지 물어봐도 되겠느냐?"

뛰어난 지도자는 부하에게 '가라' 고 명령하지 않고, '가자' 라고 권하듯이 부처님은 한 마디도 야단을 치거나 타이르지 않으시고 그저 옥야의 자유의지에 맡겨 두었지만 그녀의 콧대 높은 교만심은 이슬처럼 사라지고 오히려 그 동안 오만하고 자만심을 부리던 자신을 참회하고 부끄러워했습니다.

《옥야경》은 이와 같이 일곱 종류의 아내 이외에도 아내가 지켜야 할 다섯 가지 착한 행동(五善)과 해서는 안 되는 세 가지 악한 행동(三惡)도 아울러 설명하고 있습니다.

왕초보, 경전박사 되다

원각경

물에 대하여 생각해 보신 적이 있는지요. 물은 어떤 모양의 그릇과 만나더라도 그 그릇의 모양을 싫다 좋다 하지 않고 말없이 그릇의 모양새에 따라 순응합니다. 가령 바위가 있으면 돌아서 흐르고, 웅덩이를 만나면 고였다가 넘쳐서 흐를 줄도 압니다. 따라서 어떠한 상황도 마다하지 않고 기다릴 줄을 알고, 상대에 맞추기 위해 자기 자신을 양보할 줄도 압니다.

그런데 우리는 물처럼 그렇게 살아갈 수는 없는 걸까요. 물과 같이 그 무엇과도 부딪침이 없이 순응하는 마음을 가졌으면 하고 생각해 봅니다.

그러나 실망할 필요는 없습니다. 그것은 우리들도 원각(圓覺)이라고 하는 소중한 본성을 가지고 있기 때문입니다. 예를 들어 거울이 더러운 것과 만나면 더러운 그대로 비춰 주고 예쁜 꽃과 만나면 예쁜 꽃을 그대로 조금도 훼손하지 않고 비춰 주면서도 거울 그 자체가 더 예뻐진다거나 혹은 더러워지지 않습니다. 그것은 거울의 성품이 원래 청정하기 때문이고, 비춰지는 사물에 집착하지 않을 뿐만 아니라 어떠한 사물에도 구애를 받지 않기 때문이지요. 그와 같이 '원각'이란 물의 성질처럼 전혀 걸림이 없고, 거울의 성품처럼 깨끗한 마음의 본체를 말하는 것입니다.

그래서 원각에는 여러 가지 이름이 있는데 때로는 생명의 실상이라고도 하고, 결코 더러워지지 않기 때문에 청정원각(淸淨圓覺)이라고도 하며, 변하지 않는다 하여 진여(眞如), 또는 무명(無明) 속에 묻혀 있어도 무명을 극복하게 되므로 보리라고도 부릅니다.

이러한 의미에서 원각은 마치 모든 물줄기를 가리지 않고 다 받아들이고 포용하는 바다에 비유됩니다. 《원각경》에서는 이러한 마음을 원각묘심(圓覺妙心)이라고 표현하

왕초보, 경전박사 되다

는데 부처님은 바로 이 원각묘심에 입각하여 무명(無明)을 단절하신 분이시고, 우리 중생들도 모두가 이러한 마음을 갖추고 있다고 설한 경전이 바로 이《원각경》입니다.

《원각경》의 갖춘 이름은《대방광원각수다라요의경(大方廣圓覺修多羅了義經)》이라는 긴 이름이지만, 이를 줄여서 《원각수다라요의경》《원각요의경》《원각경》 등으로 약칭하고 있습니다.

그 이름을 풀어 보면 먼저 '대방광(大方廣)'은 원각의 체(體)·상(相)·용(用)을 가리키는 말로써 크고도 넓은 즉 광대무변하다는 뜻이고, '원각'은 완전원만한 깨달음을 뜻하며, '수다라(修多羅)'는 범어의 수트라(sūtra)를 음사(音寫)한 것으로 경(經)을 말하고, 마지막 '요의경(了義經)'이란 으뜸 가는 경이라는 의미인데 앞서의 수다라〔經〕와 중복으로 사용되고 있습니다. 이를 정리하면 일체 중생의 본래성불(本來成佛)을 드러내는 '원각' 즉 원만한 깨달음을 설명하는 데 있어서 가장 뛰어난 경전이라는 뜻이 됩니다.

그런데 경의 제목에서 '원각'이라는 말은《화엄경》의 '원만수다라(圓滿修多羅)'에서 따오고, '요의'는《능엄경》에서 따왔다고 전해지고도 있습니다.

《원각경》은 현재 범본은 전해지지 않고, 유일하게 한역본밖에 없기 때문에 그 진위(眞僞) 여부가 일찍부터 거론되고 있었습니다. 7세기 말에 이 경전을 번역했다고 전해지는 불타다라는 북인도 스님인데 그의 역경은 오직 이《원각경》한 권뿐이고, 더구나 이 스님에 대한 기록도 오직 당나라 시대 편집된 '경전목록집'인《개원록(開元錄)》에만 나오고 있기 때문에 더욱더 의심을 사고 있습니다. 따라서 현재 학계의 연구결과로는 인도가 아닌 중국에서 만들어졌다고 보는 견해가 강하고, 그 성립시기는 8세기 초에는 이미 성립된 것으로 보고 있습니다.

이 경전을 유포시킨 이는 중국 화엄종의 규봉종밀 스님인데, 어느 날 사찰의 경전을 보관하는 경장 속에서 우연히《원각경》을 찾아 내고 더할 수 없는 환희심을 일으켜서 오로지 일생을《원각경》연구에 몰두하여 많은 주석서를 남겼습니다.

《원각경》의 전체 구성은 1권 12장으로 이루어져 있는데 크게 삼분(三分)하면 서분에서는 이 경을 설하게 된 취지를 설하고, 이어서 문수보살을 필두로 하여 열두 보살들이 차례로 부처님께 청법을 하고 그 질문들을 중심으로 부처님께서 대답을 해 주시는 형식으로 정종분을 설하고, 마지막 유통분은 경전을 후세에 유포시키기 위해 여러 가지로 믿고 받들어 행하는 방법과 수지독송의 공덕을 설하는 내용입니다.

그러면 좀더 구체적인 내용을 설명해 드리겠습니다.

먼저 12장(章)의 각 보살들이 부처님께 드린 질문만을 살펴보면, 제1장은 문수보살이 법회대중과 말세중생들이 번뇌의 병을 멀리 벗어날 수 있는 방법을 여쭙고, 제2장은 보현보살이 말세중생들의 수행하는 방법을 물었고, 제3장은 보안보살이 부처님의 가르침을 이해하지 못하는 중생들을 위해 어떤 방편을 써야 할지를, 제4장은 금강장보살이 앞장에서의 부처님 설법에서 일으킬 수 있는 중생의 세 가지 의심을, 제5장의 미륵보살은 윤회에서 벗어나는 방법을, 제6장은 청정혜보살이 여러 가지 인간성의 차별에 따른 깨달음의 차이를, 제7장은 위덕자재보살이 점진적인 수행과정을, 제8장은 변음보살이 원각문의 수행법을, 제9장은 정제업장보살이 법회대중과 말세중생이 장래 의지할 안목을, 제10장은 보각보살이 어떻게 발심해야 그릇된 길에 빠지지 않는지를, 제11장은 원각보살이 안거방법과 세 가지 관법수행을, 제12장은 현선수보살이 이 경전의 유통에 대하여 여쭙는 내용으로 구성되어 있습니다.

《원각경》의 특징을 크게 두 가지로 나눈다면 하나는 대원(大願)에 대한 설명이고, 또 하나는 구체적인 수행방법에 대한 설명입니다. 이와 같이《원각경》에서는 불교의 수행은 원력을 세움으로써 시작되기 때문에 청정하고도 크나큰 원은 불도를 이루는 지름길이고, 또한 일심으로 일으킨 대원이야말로 해탈의 길에 도달할 수 있다고 강조하고 있습니다. 그러나 불법을 단지 안다는 것과 실제 수행하는 것과의 차이는 엄청난 것이기 때문에 원각을 이루기 위해 대원을 세우고 모든 집착을 여의고 무명을 없애는 수행만이 '원각묘심' 을 얻는 길이라고 권하고 있습니다.

그렇다면 '원각묘심' 을 밝히기 위해서는 어떻게 해야 하는가. 어리석은 목표, 다시 말하면 모든 것이 영원한 줄 알고, 많은 재산이 언제까지나 자기 것인 줄 알아 허망한 욕심을 부리는 집착에서 벗어나야 하고, 더 나아가 집착을 끊어야지 또는 없애야지 하는 그 마음까지도 벗어버리는 경지에 들어가야 합니다.

왕초보, 경전박사 되다

예를 들어 여기에 두 개의 나무가 있다고 가정했을 때 이 두 나무토막을 서로 비비면 거기서 불이 일어나게 되고 나무가 다 타버리면 그때는 불도 역시 꺼져버리게 됩니다. 혹시 재가 남지 않느냐고 반문할 수도 있겠지만 이 또한 고정적인 것이 아닙니다. 바람에 날리면 잡을 수도 머물게 할 수도 없으며 결국은 아무것도 없는 것입니다. 말하자면 나무는 인(因)이 되고, 마찰시키는 것은 연(緣)이 되어서 불이 일어났으나 그 인과 연이 다 되었을 때는 결국 남는 것은 아무것도 없습니다. 나무에서 불이 나왔지만 그 나무를 태우고 그 불까지도 꺼져 버리듯이 우리도 집착을 끊고 무명을 없애야 하고 마지막에는 없앤다고 하는 그 마음까지도 없을 때, 바로 그 자리에 '원각묘심'이 밝게 빛나게 된다는 것입니다.

그럼 여기서 원각과 무명은 어떻게 다른가 하는 문제가 생기게 됩니다. 그 차이는 마치 어떤 사람이 자기가 살던 곳을 떠나 다른 곳으로 이사를 한 것과 같다고나 할까요. 무슨 얘기냐 하면 갑자기 딴 고장에 가게 되면 어리둥절하여 동서남북을 분간하기 어려워서 동쪽을 서쪽이라고 할 수도 있고, 남쪽을 북쪽이라고 할 수도 있습니다. 그러나 그것은 어디까지나 그 사람의 일시적 착각에 불과할 뿐이지 방위 그 자체가 바뀐 것은 아닙니다. 그와 마찬가지로 원각과 무명은 실은 같은 것입니다. 원래 청정한 원각묘심을 가지고 있으면서도 그것을 알지 못하므로 무명에 휩싸여 있을 뿐이라는 뜻입니다.

그런 의미에서 《원각경》은 실제적인 수행방법을 여러 중생의 수준에 맞춰서 다양한 방법론을 제시하고 있는데, 예를 들면 계율준수와 업장참회 그리고 좌선의 방법까지 구체적으로 설하고 있기 때문에 현실적인 신행생활에도 더없이 좋은 지침서가 되는 경전입니다.

이와 같이 《원각경》은 열두 보살이 부처님과의 문답을 통해 무명을 끊고 불성을 드러내어〔斷無明 · 顯佛性〕본래 성불인 원각을 찾아가는 방법을 설한 경전으로서 오늘날까지 출가자들의 교육기관인 강원에서 사교반의 교과목으로 연찬되고 있습니다.

유교경

우리는 모두가 똑같은 말을 사용하고 있습니다. 그래서 때론 중요한 말도 대수롭지 않게 들리는 경우도 있습니다. 그러나 똑같은 말이라도 사람들로 하여금 깊은 감명을 주는 말이 있습니다. 그것은 바로 죽기 전에 하는 유언입니다. 평범한 우리들의 유언도 그러할진대 하물며 부처님께서 마지막으로 남기신 유언은 어떻겠습니까? 그러한 부처님의 유언을 듣고 싶은 분이라면《유교경》을 읽어 보시라고 권하고 싶습니다.

《유교경》은 부처님께서 이 세상을 떠나시면서 제자들에

게 남기신 마지막 말씀이자 오늘을 살아가는 우리들에게도 교훈을 주는 내용으로 이루어진 경전입니다.

원래의 경명은 '열반에 임해서 설하신 경'이라는 뜻에서 《불임반열반경(佛臨般涅槃經)》이라고 하지만 이외에도 《불수반열반약설교계경(佛垂般涅槃略說敎誡經)》 등 몇 가지 이름이 있고 그 중에서 제일 많이 알려진 것이 바로《유교경》입니다.

현재 범어 원전이나 티베트 번역본도 없고 오직 구마라집의 한역본만이 전해져 오고 있습니다. 그런데 이 한역본은 문체가 극히 수려한 데다가 또한 부처님의 임종이라는 극적인 배경설정으로 인하여 불교의 근본 주제가 무엇인가를 간결하게 설명해 주고 있습니다. 이러한 상황 때문인지는 모르나 부처님의 열반을 다루고 있는 다른 경전에 비해서 분량이 비록 적은 편이지만 내용면에서는 불교의 핵심적인 것만을 다루고 있습니다.

《유교경》은 부처님의 열반을 전제로 하고 있으면서도 《열반경》과는 다른 입장에서 구성되어 있습니다. 가령《소승열반경》의 경우 석가모니 부처님의 입멸이라는 사건을 역사적 사실로 받아들이고 있습니다. 그래서 내용면에서도 춘다의 공양, 부처님의 발병, 최후의 가르침, 사리의 분배 등을 중심으로 설하고 있는 반면, 훗날 대승불교도에 의해 재편된 《대승열반경》의 경우는 석가모니 부처님의 열반을 단순한 입멸로만 받아들일 수 없었던 대승불교도에 의해 부처님 수명의 영원성과 중생구제의 보편성이라는 전제 위에 열반을 단순한 역사적 사실이라는 차원을 넘어 철학적으로 해석하기에 이르렀던 것입니다.

그러나 《유교경》에서는 사리의 분배도 아니고 교리적 해석도 아닌 바로 '계율의 준수'를 가장 강조하고 있습니다. 사실 부처님 열반 이후 오늘날까지 승가의 윤리 · 도덕과 청정성의 문제는 절대적으로 요구되는 사항일 수밖에 없습니다. 승가의 청정성을 유지하는 것으로서 《유교경》에서는 다음과 같은 문제를 열거하고 있습니다. 즉 물건을 팔고 사는 상거래 행위, 재물을 축적하는 행위, 길흉을 점쳐보는 행위, 천문지리를 보는 음양 주술적 행위, 권력과 결탁하는 행위, 신통으로 대중을 현혹하는 행위 등을 승가의 계율에 어긋나는 것이라 규정하고 있습니다.

물론 오늘날의 생활규범에 이러한 것들을 그대로 적용할 수 있을 것인가 하는 점은 좀더 검토해 봐야 할 문제지만 어

느 정도는 주의하지 않으면 안 될 것입니다. 하긴 하얀 종
이일수록 까만 먼지가 더욱 드러나 보이는 것처럼, 자신들
이 지키지 못하고 있기 때문에 더욱더 수행자들에게 지켜달
라고 요구하고 싶은 내용이 아닐까하는 생각도 듭니다.

이러한 필요성 때문에《유교경》에서는 부처님의 열반 후
에 제자들이 지켜야 할 계율의 중요성을 제일 먼저 부각시
키는 한편, 수행의 요점으로서 사성제의 중요성을 설하고
끝으로 법신상주(法身常住)를 강조하고 있습니다.

좀더 구체적인 내용을 살펴보면 먼저 석존이 입멸에 즈
음하여 제자들에게 최후의 설법을 하시는 정경이 펼쳐집니
다. 여기서 석존은 녹야원에서 최초의 설법으로 다섯 비구
를 교화하시고 최후의 설법에서는 수발타라를 제도하심으
로써 마지막 중생제도의 사명을 마치신 후 사라쌍수에서 입
멸하고자 한다는 뜻을 밝히시고 있습니다.

이어서 부처님께서는 여러 제자들에게 당신이 입멸한
후에는 바라제목차(波羅提木叉)를 의지처로 삼아 계를 지
키고 작은 물방울이 바위를 뚫듯이 끊임없이 정진하여 깨
달음을 얻어야 한다고 누누이 강조하십니다.

마지막으로 사성제(四聖諦)의 가르침에 대해서 조금이

왕초보, 경전박사 되다

라도 의심이 있는 사람은 주저하지 말고 질문할 것을 세 번씩이나 반복하여 물어 보시는데, 이때 제자들은 침묵으로써 추호도 의심이 없음을 입증합니다. 그러나 부처님은 대자비심으로써 법신상주와 세간법의 무상함을 설명하시고, 모든 만남은 헤어짐을 전제하는 것이므로 슬퍼하지 말고 열심히 정진할 것을 당부하십니다. 그리하여 반드시 지혜의 광명으로 무명의 어둠을 없앨 것을 재차 당부하신 후, 이것이 여래 최후의 가르침임을 알려 주십니다.

　이와 같이 《유교경》은 제자들에게 둘러싸여 마지막 법문을 하시는 부처님의 모습이 눈앞에 선명히 떠오를 정도로 사실적으로 표현되어 있는 경전입니다.

유마경

維摩經

　'가장 알찬 것은 빈 것처럼 보이고, 최고의 웅변은 눌변 같이 들린다' 는 말이 있듯이 완벽한 설법은 언어가 끊긴 무언의 설법일 것입니다. 《유마경》의 주인공인 유마거사가 설법한 '불이법문(不二法門)' 이 바로 그러한 예에 해당한다고 하겠습니다. 실은 수많은 대승경전 가운데서도 문학적인 향취가 가장 높은 경전을 들라고 하면 단연코 《유마경》일 것입니다. 전체의 내용이 그다지 길지 않지만 구성이 매우 극적으로 이루어져 있고, 또한 표현이 정확하기 때문에 옛날부터 불교도가 아닌 일반 교양인들 사이에서도

왕초보, 경전박사 되다

흥미있게 읽히던 경전입니다.

이 경전의 산스크리트 원본은 산실되어 없고 티베트본과 한역본만이 현존하고 있습니다. 그 중에서 한역본은 세 종류가 있는데, 지겸이 번역한 《유마힐경》과 구마라집이 번역한 《유마힐소설경(維摩詰所說經)》 그리고 현장이 번역한 《설무구칭경(說無垢稱經)》이 그것들입니다. 또한 "내용이 심오한 만큼 《불가사의해탈법문(不可思議解脫法門)》이라는 별칭으로 불러도 좋겠다."고 경전에서도 경의 이름을 제시하고 있습니다. 그렇다고 내용상으로 큰 차이가 있는 것이 아니기 때문에 통틀어서 《유마경》이라 약칭하고 있으며 그 중에서 제일 많이 읽히고 있는 것은 구마라집이 번역한 경전입니다.

그러면 그 구성과 내용부터 설명드리겠습니다.

전체의 내용은 3회 14품으로 이루어져 있는데 제6 〈부사의품〉부터 제9 〈입불이법문품〉에서는 모든 상대적인 개념이 하나임을 역설한 그 유명한 불이사상(不二思想)이 보이고 있습니다. 또한 군데군데 극적인 반전의 묘를 살린 뛰어난 구성이 특히 돋보인다고 하겠습니다.

경명에 보이는 유마힐은 범어 비말라키르티(Vimalakīrti)

를 음역한 것으로써 이 경전에 나오는 주인공의 이름인데, 이를 번역하면 정명(淨名), 또는 무구칭(無垢稱) 즉 깨끗하고 때묻지 않은 이름이라는 뜻입니다. 주인공인 유마거사, 즉 유마힐은 부처님 재세시에 바이샬리란 도시에 살고 있던 거사로서 돈독한 신심과 밝은 지혜 그리고 꾸준한 수행의 실천자이기도 하였습니다. 거사란 그리하파티(gṛhapati)의 번역어로서 부호 혹은 덕이 뛰어난 사람을 의미하는 말인데, 이로 미루어 오늘날의 개념으로는 자본가, 자산가였음을 알 수 있습니다.

《유마경》에서는 이 유마거사가 소승의 세계에 빠져 있는 부처님의 제자들을 대승의 세계로 인도하기 위해 꾀병이라는 방편으로써 그들을 대승의 길로 인도해 가려는 의도가 잘 드러나 있습니다.

자, 그러면 다른 경전과는 달리 높은 문학적 향취도 그러하거니와 특히 심오한 불교교리를 아주 극적으로 전개해 나가는 몇 가지 일화들을 소개해 보도록 하겠습니다.

《유마경》은 첫 서두부터가 굉장히 웅장하고 장엄하게 시작됩니다. 구체적으로는 설법을 시작하려는 부처님의 모습을 묘사한 후에 법회에 참석한 대중을 소개하는 대목이 나

왕초보, 경전박사 되다

오는데, 8천의 비구와 비구니, 3만2천의 신도, 1만의 바라
문교도, 1만2천의 제석천을 비롯한 신들, 그 밖에 또 수많
은 외도들이라고 하니까 모두 합치면 엄청난 규모의 대법
회를 상상할 수 있을 겁니다.

그곳에 바이샬리(Vaiśāli : 법회가 열린 도시의 이름)에서
제일 가는 부호의 아들 보적(寶積)이 부유한 집안의 자제
500명을 거느리고 나타나 금은보석으로 찬란하게 장식한
일산(큰 우산 모양의 햇빛 가리개)을 각기 부처님께 바칩니
다. 그러자 부처님은 신통력으로서 그 일산들을 하나로 합
쳐 엄청나게 큰 일산을 만든 다음, 그 자리에 모인 대중들
은 물론 삼천대천세계를 모두 덮어서 그늘을 만들어 주었
습니다. 부처님의 신비로운 능력을 본 대중들은 위대한 부
처님의 법력에 새삼 경탄하면서 설법을 기다리는 모습이
《유마경》에서는 화려하고 경건하게 기술되어 있습니다.

여기서 500명의 청년들이 일산을 바친 것은 각자의 아집
을 버리고 부처님께 귀의했다는 사실의 은유적 표현이며,
또한 그것으로 하나의 큰 일산을 만든 것은 모든 사물과 현
상이 궁극적으로는 하나의 진리로 귀결됨을 의미합니다.
경전의 초현실적 서술은 이처럼 모두 상징적인 의미를 지

니고 있습니다.

이토록 웅대하기 그지없는 대법회에 빠질 리가 없는 유마거사의 모습이 보이지 않자, 부처님께서는 이미 그의 심중을 간파하시고 제자들로 하여금 문병을 다녀오라고 하십니다. 그러자 지혜제일인 사리불을 위시하여 신통제일인 목련까지 한결같이 사양을 합니다. 그도 그럴 것이 그들은 이전에 유마거사로부터 수행과 관련하여 질책과 충고를 받은 적이 있었기 때문이었습니다. 결국 아무도 갈 사람이 없게 되자, 대승보살들 가운데 지혜가 가장 뛰어난 문수보살이 대표가 되어 여러 대중들을 거느리고 병문안을 가게 되었습니다.

경에는 부처님의 제자들이 한결같이 유마의 문병을 거절할 수밖에 없었던 사례 하나 하나가 그 어떤 깊은 교리보다도 가슴에 와 닿게 설명되어 있습니다. 예를 들면 참선은 조용한 곳을 골라서 해야만 한다는 사리불의 분별심을 타파하는 얘기를 비롯하여 다른 아홉 명의 제자들도 사리불과 비슷한 질책을 당하게 되는데, 이렇게 상반된 상황 자체만으로도 읽는 이로 하여금 무언가 통쾌감을 느끼게 합니다.

더구나 지혜제일인 사리불조차도 《유마경》에서는 소승

왕초보, 경전박사 되다

적 경지를 뛰어넘지 못한 사람으로 묘사되고 있어 기이한 감을 느낄 정도입니다. 또 한 가지 예로써 문수보살과 유마의 문답을 듣고 있는 대중들의 머리 위에 천녀들이 아름다운 꽃을 뿌려 주는데, 이상하게도 보살들의 몸에 뿌려진 꽃잎들은 모두가 땅으로 떨어지고, 불제자들의 경우는 꽃잎이 몸에 붙어서 털어 내어도 떨어지지 않습니다. 꽃잎을 떼어내려고 애를 쓰고 있는 사리불에게 천녀는 왜 꽃잎을 털어내려 하느냐고 묻습니다.

그러자 사리불은 "수행자가 꽃잎을 몸에 붙인다면 마음이 흐트러져 수도에 방해가 되기 때문"이라고 대답하자 "꽃잎은 무엇을 생각하거나 분별하지도 않는데 존자가 분별하는 의식을 가지고 있기 때문에 꽃잎이 몸에 붙어서 떨어지지 않을 뿐"이라고 질책한 후에 진리는 사려와 분별을 초월한 곳에 있음을 잊지 말라고 천녀는 충고를 해 줍니다.

유마는 자신이 사바세계로 온 것에 대하여 '태양이 세상을 비추는 이유가 암흑을 없애기 위함이듯이 대승을 믿는 이가 사바세계에 태어나는 것은 중생들의 마음 속에 있는 암흑을 없애 주기 위한 것'이라고 설명하고 있습니다.

또 가장 감명 깊은 '중생이 아프기 때문에 내가 아프다'

는 유마거사의 말에서 현대인들의 이분법(二分法)적인 사고방식을 비판하는 날카로운 지성을 읽을 수 있다 하겠습니다.

이러한 유마거사의 설법은 '불이법문'을 통해 더욱 잘 설해지고 있는데 그 유명한 '불이법문'을 소개해 보겠습니다.

유마거사는 자신의 병문안을 온 여러 대중들에게 '불이(不二)에 들어간다'는 것은 어떤 뜻이냐고 그들의 견해를 물어봅니다. 그리하여 여러 사람들이 각자 의견을 개진하게 되는데 '불이'를 주제로 한 일종의 심포지엄을 열었다고 할 수 있을 겁니다. 32명 보살들의 의견을 듣고 난 후에 끝으로 문수보살의 차례가 되자, 그는 '말할 수도 식별할 수도 없어서 모든 문답으로부터 초월했을 때 비로소 들어갈 수 있는 것'이라고 대답하였습니다.

이번에는 문수보살이 '불이'에 대한 유마거사의 의견은 어떠한지 설명을 요구하고, 모든 이들의 기대에 가득 찬 시선이 유마거사에게로 쏠렸습니다. 그러자 유마는 눈길을 한 곳에다 모으고 단정한 자세로 입을 다물고 묵묵히 앉아 있었습니다. 이것이야말로 저 유명한 유마거사의 '우레와 같은 침묵' 즉 불이법문(不二法門)이라는 것입니다.

왕초보, 경전박사 되다

'불이'란 언어표현을 초월한 세계라는 것을 그가 언어표현을 초월한 침묵으로써 완벽하게 표현한 것입니다. 다시 말하면 똑같은 내용을 문수보살은 언설로 표현한 반면에 유마거사는 실천으로 응답하였다고나 할까요.

그런 의미에서 《유마경》은 대승불교란 출가자에 국한된 가르침이 아니라 모든 사람들 특히 재가자를 위한 가르침이란 점을 강하게 시사하고 있다고 하겠습니다.

끝으로 경문에서는 다음과 같이 밝히고 있습니다. "이것은 유마가 나를 대신하여 진리를 밝힌 것이니 《유마힐소설경》이라 하고, 또 내용이 심오한 만큼 '불가사의해탈법문(不可思議解脫法門)'이라고 별칭을 지었으면 좋겠다."라고 부처님께서 직접 아난에게 일러 주셨다고 하는 점은 참으로 사실적이라 하겠습니다.

이와 같이 알기 쉬운 내용이면서도 경전 속에 담겨 있는 사상적인 깊이와 무게는 그리 간단하지가 않고, 같은 문장이지만 읽어볼 때마다 새로운 의미를 느끼게 합니다.

자유분방하면서도 자비심이 넘치는 유마거사의 경건한 신심의 세계에 동참하시는 마음으로 한번 읽어 보시기를 권하고 싶습니다.

육방예경

六方禮經

얼굴에 웃음을 띠는 것은 이미 상대방에게 말을 건네는 것과 같다고 합니다. 그러나 이렇게 미소띤 얼굴이 좋은 모습인 줄은 알면서도 쉽사리 행동으로 옮기지 못하는 것은 일종의 나쁜 습관일 것입니다. 우리는 살아가면서 애써 좋은 일을 실천하려고 하기도 하고, 그와 반대로 나쁜 줄 알면서도 반복하는 행위도 있고 또한 무의식적으로 어떤 행위를 반복하기도 합니다.

부처님 당시 인도에서 싱갈라라고 하는 어느 장자의 아들이 의미없이 매일 아침 육방(六方 : 동서남북상하)을 향해

예경하는 것을 보고 부처님께서 그 참뜻을 설명해 주시는데 이것이 바로《육방예경》입니다. 즉 싱갈라는 부처님을 뵙기 이전에는 오직 부친의 유언에 따랐을 뿐으로 육방에 예경하는 참뜻을 모르는 체 습관적으로 여섯 방향을 향해 절을 하다가 비로소 자신이 육방에 예경하는 이유와 그때 지녀야 할 마음가짐을 알게 된 것입니다.

《육방예경》에는 몇 가지 이본이 있는데 팔리어본은《싱가아라바다숫탄타(Singālovāda-suttanta)》로서 '싱갈라에게 설한 경전' 또는 '싱갈라에 대한 교훈'이라는 뜻입니다. 그리고 한역본에는 후한 때 안세고가 번역한《불설시가라월육방예경(佛說尸迦羅越六方禮經)》과 지법도가 번역한《불설선생자경(佛說善生子經)》등이 있는데 일반적으로는 줄여서《육방예경》또는《선생경》이라고 부르고 있습니다. 그러나 팔리어본과 한역본은 항목과 일부의 내용이 다소 다른 곳이 있긴 하지만 전체의 내용이 전하는 뜻은 별 차이가 없습니다.

근래에 와서 인류의 질서가 무너지면서 생명의 경시풍조가 생겨나고 부모 자식 간의 관계조차도 이해 타산적으로 몰아가기도 하며 사제 간의 윤리가 무너지고 이혼율의 증가, 친구 간의 배신과 모함, 노사 간의 마찰 등이 각자의 권익보호라는 미명 아래 위험한 수준에까지 도달하고 있습니다. 이러한 현대사회의 참상들을 부처님께서는 미리 예견이라도 하신 듯《육방예경》을 통해 우리들이 서로 간에 지켜야 할 윤리덕목을 각각 다섯 가지로 간추려서 간곡히 일러 주시고 있습니다.

먼저 동쪽의 예경은 부모와 자식 간의 윤리 문제로 부모는 자식을 올바르게 가르쳐야 되고, 자식은 부모를 공경심으로 대할 것을 이르고 있습니다. 특히 주목되는 것은 부모의 역할에 관한 언급인데, 성적 위주의 교육에 치중한 나머지 정작 중요한 전인교육으로서의 윤리적 측면의 중요성을 소홀히 하고 있는 현실 앞에서 강조되어야 할 덕목이라는 생각이 듭니다.

서쪽의 예경은 부부 간의 윤리 문제인데, 남편이 우선적으로 지켜야 할 의무는 외도를 하지 말 것과 아내에 대한 인격적 대우가 강조되고 있는 점이 주의를 끕니다.

남쪽의 예경은 사제 간의 윤리인데, 제자는 스승을 오직 존경심으로 대해야 하며 스승은 애정을 가지고 제자를 엄하게 돌보아야 한다는 것입니다.

왕초보, 경전박사 되다

북쪽의 예경은 친구 간의 윤리 문제로 이를 사섭법(四攝法)에 근거하여 설명하고 있습니다. 특히 서로를 속이지 말라는 말로 시작하는 것을 보면 친구지간에는 성실보다 더한 행동은 없고 진실보다 더한 말은 없구나 하는 생각이 듭니다.

아래쪽의 예경은 주종(主從) 간의 윤리로 주인은 고용자를 능력에 맞게 일을 시켜야 할 것이며 피고용자는 주인의 덕을 널리 칭찬해야 한다고 하였는데 이러한 점은 현대사회에서도 시사하는 바가 크다고 하겠습니다.

끝으로 위쪽의 예경은 종교인과 신도들 사이에 지켜야 할 윤리 문제로 무엇보다 악으로부터 신도를 보호해야 하는 것이 출가자들의 첫번째 덕목으로 꼽히고 있는데 이 또한 부처님의 탁견이 아닐 수 없습니다. 물론 신도들은 부처님을 공경하듯이 출가자들을 존경해야 한다고 설명하고 있습니다.

이와 같이 《육방예경》에서는 사회 전체를 구성하고 있는 우리들의 윤리 문제가 총망라되어 있는데, 여기에 기저를 이루고 있는 특징으로는 구성원 상호간의 평등과 자비 그리고 보은(報恩)과 공존(共存)사상을 근거로 하고 있다는 점입니다.

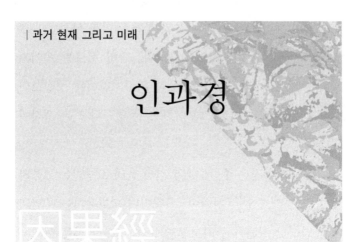

| 과거 현재 그리고 미래 |

인과경

因果經

어떤 불교학자는 '인과가 무섭지도 않느냐?' 라는 말을 들을 때가 가장 무섭다고 합니다. 모르긴 하지만 그는 불교가 자업자득의 가르침인 것을 분명하게 알고 있기 때문일 겁니다.

우리는 주변에서 착한 사람이 계속 불행한 일을 당하고 나쁜 짓을 하는 사람이 불행해지기는커녕 오히려 더 승승장구하는 경우를 보고 크게 실망을 느낄 때가 있습니다. 이럴 때는 조용히 《인과경》을 한번 읽어 보십시오.

《인과경》은 부처님께서 당신의 전기를 설하면서 인과의

왕초보, 경전박사 되다

실상을 밝혀 놓은 독특한 경전입니다. 우리들 자신도 때로는 존경하는 분의 과거를 알고 싶어하듯이 부처님의 과거 세에 지은 인연에 관하여 제자들이 듣고 싶어 했기 때문에 설법하신 것입니다.

이 경의 원래 경명은 《과거현재인과경》이지만 이를 줄여서 《인과경》이라고 부르고 있습니다. 또한 과거의 업인(業因)으로부터 그 결과인 과보를 현세에서 받으면서 또 다시 미래의 과보를 현세에서 짓고 있다고 하여 《삼세인과경(三世因果經)》이라 칭하기도 합니다. 그리고 중생들이 받고 있는 과보가 천차만별인 것은 다 전생에 지은 선악의 업보에 따른 것이라는 의미에서 《선악인과경(善惡因果經)》이라고 부르기도 합니다.

이 경전이 한역된 것은 5세기 중엽으로 구나발타라 삼장이 4권본으로 역출하여 현재에 이르고 있습니다.

그 내용은 부처님께서 기원정사의 드넓은 도량에 모인 수많은 제자들에게 자신의 과거생으로부터 금생에 이르기까지의 과정들을 일목요연하게 설명하고 있습니다. 좀더 구체적으로 살펴보면, 제1권은 연등부처님이 이 세상에 계실 적에 석가모니 부처님은 선혜라는 선인으로 태어나서 살고 있었습니다. 그러던 어느 날 선혜는 진흙 땅을 걸어가시는 연등불을 보고 자신의 옷으로 진흙 땅을 덮고 그래도 부족하게 되자 머리카락을 그 위에 깔아서 연등불로 하여금 그 위로 지나가시게 하였습니다. 그러한 인연공덕으로 선혜는 연등불로부터 수기를 받고 수행을 하여 도솔천에 태어났으며 그리고는 또 다시 중생제도의 염원을 세우고 사바세계에 태어나게 됩니다. 여기까지는 과거생의 얘기이고 나머지는 우리가 익히 알고 있는 석가모니 부처님의 현세에서의 얘기입니다.

제2권은 싯다르타 태자의 성장과정과 출가하기까지의 내용을 설하고 있습니다.

제3권은 6년간의 수행과정과 보리수 아래에서 성도를 이루신 후에 녹야원에서의 초전법륜(初轉法輪)에 대한 내용입니다. 특히 전법을 하지 못하게 한 악마의 유혹을 서술하고 있으나 이는 싯다르타의 내면적인 번뇌 즉 깨달은 진리의 내용이 너무 세상 사람들의 생각과 동떨어진 것이어서 이해할 수 있을까 라는 회의를 구상화시킨 것이라고 볼 수 있습니다.

제4권은 야사와 가섭 삼형제를 교화하신 내용을 비롯하

여 사리불과 목련존자의 귀의, 교단의 유지에 대한 내용 등으로 끝맺고 있습니다.

그리고 《인과경》은 그 내용을 그림으로 표현하여 위에는 불전의 이야기를 그림으로 그리고, 아래에는 그 내용을 기록한 《그림인과경(繪因果經)》의 출현까지 보게 되어 불교 미술 문화에까지 그 영향을 미치고 있습니다.

우리는 '인과의 도리'를 배워 알면서도 간혹 '이 정도의 죄는 괜찮을 것'이라고 생각하는 경우가 많습니다. 그러나 마치 물이 한 방울 한 방울씩 떨어져 마침내는 큰 물통을 가득 채우게 되듯이 비록 조그마한 죄라 할지라도 악업을 행하다 보면 필경에 과보를 받게 되는 것입니다. 물론 선업을 닦는 것도 이와 같이 똑같은 원리일 것입니다.

그러면 한 가지 예를 들어 보겠습니다.

어느 날 부처님께서는 큰 죄를 지은 사람에게는 큰 돌을, 작은 죄를 지은 사람에게는 작은 돌을 가지고 오라고 하였습니다. 그들이 돌을 가지고 오자 이번에는 가지고 온 돌을 모두 다시 제자리에 갖다 놓으라고 했습니다. 그랬더니 어떻게 되었을까요. 큰 돌을 갖고 온 사람은 쉽게 제자리를 찾아 옮겨 놓을 수 있었으나 작은 돌을 여러 개 가지고 온 사람은 어디서 가져온 돌인지 알 수 없었다고 합니다.

즉 큰 돌처럼 세상에 드러난 큰 죄는 참회를 통해 거듭날 가능성이 있지만 작은 돌의 제자리 찾기가 쉽지 않듯이 자신에게는 잘못이 없다고 생각하거나 '이 정도쯤이야' 하고 묻어둠으로써 오히려 죄업을 키우게 되는 것입니다. 이와 같이 인과의 여실함을 보다 자세하게 설명하는 것이 바로 《인과경》입니다.

인왕반야경

　재앙은 예고 없이 찾아오기 때문에 사람은 누구나 항상 불의의 재앙에 대한 효율적인 관리체계가 있어야 합니다. 그러나 보다 중요한 것은 자연적인 재해든 인재든 간에 사고의 규모를 줄이는 것이 최우선되어야 할 것입니다. 그러기 위해선 무엇보다도 재해를 수습하는 일을 자신의 일처럼 생각하고 대처하는 마음가짐이 필요할 것입니다.

　우리나라는 해마다 여름이 되면 수재를 겪습니다. 이때 자원봉사자들은 자신의 바쁜 일도 제쳐두고 달려와 수재민을 돕고 있습니다. 그런데 그 와중에서도 소위 알량한 선량

(정치인)들이 찾아 옵니다. 그들은 대체로 봉사는 안중에 없고 단지 카메라 앞에서 포즈를 취하는 것이 전부인 듯한 행동을 합니다. 이러한 행동은 도움이 되기는커녕 분노를 일으키게 한다는 어느 수재민의 얘기가 여운을 남깁니다.

이 나라의 위정자들이 성실하지 못하여 그런지 재난이 사라질 듯하면 또다시 새로운 재난이 생겨나곤 합니다. 이럴 때 우리의 선조들 같았으면 바로 국난극복을 위한 대법회를 열었을 것입니다. 바로 '인왕백고좌법회(仁王百高坐法會)'와 같은 것을 말입니다. 요즘 들어 '화엄경백고좌법회' 나 '법화경백고좌법회'는 곳곳에서 부쩍 성행하는 모습이지만 나라를 위한 인왕백고좌법회가 열렸다는 소문은 별로 들어보지 못했습니다.

그러나 신라시대나 고려시대 때만 해도 나라에 어려움이 생기면 출가자나 재가자를 막론하고 모두 한마음이 되어 백 분의 불보살상을 봉안하고, 백 개의 등과 향, 그리고 백 가지 꽃을 올린 후에 백 명의 법사를 초청하여 백일 동안 법회를 여는 게 상례였고, 그때 소의경전이 바로 《인왕경》이었던 것입니다. 즉 국가가 혼란하여 커다란 재난을 당했을 때, 바로 이 경전을 독송하면 위기에서 벗어날 수

왕초보, 경전박사 되다

있다고 믿었기 때문에 국가적으로 '인왕법회'를 시행하였던 것입니다.

이렇게 나라가 어려울 때마다 중요한 역할을 해 왔던 《인왕경》의 제작은 인도에서가 아닌 중국에서 만들어졌다고 보는 견해가 있습니다만, 어쨌든 《인왕경》에는 구마라집이 번역한 《인왕반야바라밀경》이 있고 불공(不空)이 번역한 《인왕호국반야바라밀다경》이 있는데 둘 다 《인왕경》 혹은 《인왕반야경》이라고 줄여서 부르고 있습니다. 그리고 경명(經名)에 보이는 '인왕(仁王)'이란 호칭은 지도자로서의 자질과 자격을 갖춘 임금을 말하는 것입니다. 즉 인왕은 반야로써 나라를 지킬 수 있고, 외국의 침략을 이길 수 있는 힘도 가질 수 있다고 생각했기 때문에 지도자든 혹은 지도자가 아니든간에 반야를 증득하고 체득하는 일이 가장 중요한 일이라고 생각하였던 것이지요. 그리고 국가에서 이러한 법회를 주도했다는 것은 그 사회의 중추적인 역할을 불교가 담당하고 있었음을 알 수 있습니다.

이 경전의 근본종지로는 삼종(三種) 반야를 들고 있는데 먼저 반야공(般若空)이 곧 제법실상의 실제 모습이라는 실상반야와 주관적인 지혜인 관조반야 그리고 적용하는 법이 있으면 반드시 그 대상을 표현해 주는 문자가 있기 마련인데 그 표현된 문자인 문자반야가 그것입니다.

비유컨대 허공에 걸려 있는 밝은 달은 실상반야고, 거기서 발현되는 광명은 관조반야, 물에 비치는 달(水月)은 문자반야에 해당하고 또한 실상반야는 자리행에, 관조반야는 이타행에 비유되기도 합니다.

이 경전의 구성은 2권 8품으로 나누어져 있으나 그 중에서 가장 강조되고 있는 것은 제5품 〈호국품(護國品)〉으로서 전체 경명에서 제시하는 '호국'의 의미를 잘 설명하고 있습니다. 좀더 자세히 말씀드리면, 먼저 석존 당시 인도의 여섯 국왕 특히 파사익왕이 중심이 되어 석존과 문답을 시작하는 광경이 서술되어 있습니다. 그리고서 반야가 지켜져야 하는 이유와 반야에 의해 지켜지는 국토, 즉 내외호(內外護)를 밝히고 부처님께서 국왕들에게 반야바라밀의 수지(受持)를 당부하자 그 자리에 모여 있던 대중들은 정법을 호지(護持)할 것을 맹서하고 환희하는 내용으로 끝맺고 있습니다.

이렇게 《인왕경》은 나라의 안정을 위한 내용이기 때문에 천태대사를 비롯한 역대 고승들이 《인왕경》에 대한 주석서

왕초보, 경전박사 되다

를 남기고 있고, 또한《법화경》《금광명경》과 함께 호국삼부경(護國三部經)으로 일컬어지고 있는 이유도 이런 점 때문입니다. 따라서 중국과 우리나라에서는 이 경전이 상당한 비중을 차지하고 있습니다.

요컨대《인왕반야경》은 국가를 정당하게 수호하고 길이 번영케 하기 위한 마음가짐을 천명하면서 그 근본방책을 불교의 입장에서 제시하고자 한 경전입니다.

장로게경 · 장로니게경

불자님들이 스님들에게 물으면 안 되는 질문 세 가지가 실은 개인적으로는 가장 알고 싶은 질문이라는 점에서 참으로 아이러니가 아닐 수 없습니다. 그 세 가지란, '왜 출가했느냐?' '나이가 몇 살이냐?' '어느 절에 거주하고 있는가?' 라는 것인데 이 가운데서도 첫번째 물음이 제일 관심을 가지는 부분이라고들 합니다.

어떤 노보살님은 너무나 측은하다는 듯이 바라보는 통에 오히려 이쪽이 민망할 때도 있습니다. 왜 사람들은 자신의 잣대로 남들의 생활까지 재려고 드는지, 왜 자신의 시각을 표준으로 삼아 남을 보려고 하는지 참으로 난감한 일입니다.

바로 이러한 재가불자님들의 궁금증을 풀어 주고 있는 경전이 있는데 그것이 바로《장로게경》과《장로니게경》입니다. 이 경전은 비구·비구니스님들의 수행담과 함께 출가동기까지 솔직하고 아름다운 게송(시구)으로 읊어 놓은 시집과도 같은 경전입니다.

먼저《장로게경》은 중앙아시아에서 발굴된 사본에는 북방 유부(有部)계통으로 보이는 산스크리트본의 일부가 남아 있고,《장로니게경》은 팔리어 원전인 테리가타(therīgāthā)만이 완본(完本)으로 남아 있을 뿐 한역본은 없습니다. 그래서 성립연대를 놓고 의견이 분분합니다.

그러나 부처님 재세시의 '장로'와 '장로니' 즉 학덕과 수행을 겸비한 비구·비구니스님들이 부처님에 대한 찬탄과 수행과정 그리고 출가 이전의 과거를 회상하는 내용 등으로 구성되어 있는 것으로 볼 때 적어도 기원전 3세기 이전에 성립되었을 것이라 생각됩니다.

《장로게경》은 1,979편의 게송으로 구성되어 있고,《장로니게경》은 522편의 게송으로 구성되어 있습니다. 또 게송의 수에 따라 한 게송만을 남긴 장로·장로니들의 게송을 모아 1집이라 하고, 게송 두 개는 2집, 세 개는 3집, 이런 형식으로 70여 개의 게송을 한 묶음으로 하여 대집으로 편찬하였습니다. 물론 경우에 따라서는 예외가 아주 없는 것은 아닙니다.

원전에서는 두 시집의 작자를 장로(Thera)·장로니(Therī)에게로 돌리고 있습니다. 그리고 호법(護法)의 주석서에서는 264명의 장로와 73명의 장로니의 이름을 밝히고 더불어 작자의 경력과 읊게 된 동기를 사실적으로 소개하고 있습니다.

《장로게경》과 《장로니게경》 사이에는 남성과 여성이라는 뉘앙스 차이를 엿볼 수 있는데 일반적으로 전자는 외적 경험을 풍부하게 표현하고 있고 따라서 자연의 묘사가 다양한 반면, 후자는 여성답게 잔잔한 내적 체험에 관하여 주로 읊고 있고, 또한 자연의 묘사보다는 인생에 대한 묘사를 섬세하고 자상하게 표현하고 있습니다.

《장로게경》에는 청정한 생활의 타락을 조장하는 부인, 즉 유혹자에 대하여 공격하는 말들이 많이 나오기도 하고, 수많은 여성이 유혹한다 할지라도 나를 유혹할 수는 없다

왕초보, 경전박사 되다

고 자신을 찬미하는가 하면, 모든 고통의 원인은 여자이므로 여자로부터 멀찌감치 떨어져 몸을 지키는 자만이 용기 있는 사람이라고 단언하고도 있습니다. 또 한 장로가 단지 꽃 한 송이를 바치기 위해 80억 년을 천상에서 표류한 뒤에야 마침내 열반에 들었다는 이야기가 나옵니다. 이것은 후대에 발전한 부처님 숭배사상이 예상되는 내용이라 하겠습니다.

또 《장로게경》에는 여성에 대한 부정적인 비유만이 아니라 아름다운 표현도 있는데 즉 어머니로 인해 정도(正道)에 들어가게 된 장로가 아름다운 언어로 어머니에게 감사를 표하는 대목은 참으로 감동스럽습니다. 이와 같이 《장로게경》에서 노래한 게송은 대체로 외적 체험에 대한 것으로 구성되어 있습니다.

《장로니게경》에는 모두 73명의 비구니스님들의 이름이 보이는데 경전에 의하면 왕족 출신이 23명, 바라문 출신이 18명, 부호 출신이 13명, 여타의 계급 출신이 4명, 화류계 출신이 4명, 그리고 신분이 밝혀지지 않은 사람이 11명 등입니다. 이러한 장로니 출신의 다양함은 불교의 평등사상을 보여 주는 것이라 하겠습니다.

현재까지도 인도의 근대화를 막고 있는 가장 근본적인 저해요소로 계급제도를 들고 있는데 2천 년 전 신분제도가 엄격하게 지켜지고 있던 당시를 감안해 보면 부처님의 가르침이 얼마만큼 인간의 평등과 존엄성에 바탕을 두고 이루어진 것인가를 잘 알 수가 있습니다. 사실 우리 사회도 여성들에 대한 사회적인 편견과 제도적 불평등을 아직 깨뜨리지 못했는데, 부처님께서는 2천5백 년 전에 그것도 철저한 계급사회에서 이미 여성들의 사회적 입지와 아울러 그들의 에너지를 이처럼 진취적으로 이해하고 계셨던 것입니다.

　　《장로니게경》에는 출가한 여러 부류의 여성들의 고백이 담겨져 있는데 한결같이 기구한 운명의 주인공들이 많습니다. 예를 들면 외아들을 잃고 미쳐서 돌아다니다가 출가한 이야기, 어떤 과부는 자살을 하려다가 부처님을 만나 출가하였다는 이야기, 또는 남편에게 얽매였던 비참한 생활을 탐진치에 비유한 대목도 있습니다. 그러나 이들 모두 결국 깨달음의 세계를 찾아서 새로운 삶을 개척해 나가고 있음을 경에서는 설하고 있습니다. 마치 같은 소금을 뿌려도 살아나는 해초가 있는가 하면 시들어버리는 배추도 있고, 똑같은 바람에도 침몰하는 배가 있는가 하면 오히려 쾌속으로 항진해 나가는 배가 있듯이 말입니다.

이와 같이 아름답고 수려한 시적 언어로 쓰여진《장로게경》과《장로니게경》은 고양된 종교적 이상과 윤리적 교설을 최고의 규범으로 삼는 정신이 일련되게 흐르고 있습니다.

더구나 마지막 구절에서는 한결같이 "부처님의 말씀은 진실로 틀림이 없다."라는 말로 끝마치고 있는 것을 보면 부처님이 걸어오신 길을 자신들도 걸어가고 있다는 높은 자긍심과 아울러 앞으로도 변함없이 걸어가겠다는 비장한 결의를 엿볼 수 있습니다.

이 경에서는 다른 경전에서 보이는 신비한 영험담이나 심오한 이론은 보이지 않습니다. 다만 비구·비구니스님들이 담담하고 솔직하게 자신의 지나온 삶과 현재의 수행 그리고 깨달음을 향한 의지를 잔잔하게 노래하고 있을 뿐입니다. 그러나 이러한 내용에서 오히려 그 어떠한 설법보다도 그 어떠한 교리보다도 더한 종교적 감동을 느낄 수 있을 것입니다.

| 독화살의 비유 |

전유경

箭喩經

"우리 인간은 무엇 때문에 착하게 살아가야 하고, 또한 악과 고통은 왜 존재하는가?"라는 질문은 모든 종교의 본 질적인 존재 이유이자 풀어가야 할 당면 과제이기도 합니 다. 그러나 실지로는 이러한 질문에 납득할 수 있도록 속 시원히 대답해 주고 있는 종교는 그리 많지 않은 편입니다.

원래 성인이라 일컬어지는 각 종교의 교주들은 한결같 이 우리네 범부와는 달리 말씀을 아껴왔기 때문일 것입니 다. 그래서 가장 완전한 것은 미완성처럼 보이고 가장 긴 직선은 조금 굽은 것처럼 느껴지듯이 그분들의 참된 가르

왕초보, 경전박사 되다

침이 그대로 전달되지 않았기 때문인지도 모르겠습니다.

예를 들어 20세기의 대표적인 웅변가로 영국의 처칠을 손꼽을 수 있는데 그는 언젠가 어느 초선 국회의원의 처녀 연설을 경청하게 되었습니다. 그야말로 청산유수와 같이 유창한 연설이었지요. 그러나 처칠은 그에게 이렇게 충고했다고 합니다. "다음부터는 좀 더듬거리게"라고. 참으로 시사하는 바가 큰 일화라고 생각됩니다.

《전유경》에서도 이와 같은 예를 볼 수가 있는데 이 경은 《중아함(中阿含)》에 수록되어 있는 아주 짧은 경전이지만 깊은 감동을 주고 있습니다. 즉 부처님께서 화살〔箭〕의 비유〔喩〕를 들어서 제자로 하여금 인간 실존의 철학적인 의문을 풀어가게 하는 내용입니다.

여기에 나오는 주인공은 팔리어로 마룬캬풋타인데 한역에서는 만동자(鬘童子)라고 합니다.

바라문 출신인 마룬캬풋타는 출가한 지 6년밖에 되지 않은 수행자였는데 어느 날 생각하기를, '부처님은 6년 만에 깨달음을 얻으셨는데 나는 도대체 무엇을 하였는가? 깨달음은 고사하고 내가 안고 있는 의문조차 제대로 풀지 못하는 너무 절망적인 내 모습이 아닌가? 그래 나의 이러한 의

문들을 부처님께 여쭈어 보고 속 시원히 말씀해 주신다면 계속 수행을 할 것이고 그렇지 못하다면 미련없이 이곳을 떠나기로 하자.' 라고 다짐하고 부처님께 나아갔습니다.

그는 긴장된 어조로 질문했지요. "부처님, 우주는 끝이 있습니까, 없습니까? 이 세상에 종말은 옵니까, 오지 않습니까? 영혼과 육체는 하나입니까, 둘입니까? 만약 둘이라면 육체가 죽은 후 영혼은 어디로 갑니까?" 숨돌릴 틈도 없이 물어오는 제자를 물끄러미 바라보시던 부처님은 "마룬캬풋타여! 내가 너에게 한 가지만 물어 봐도 좋겠느냐?" 라고 물으신 후, 제자에게 양해를 얻고서 다음과 같이 말씀하셨지요.

"여기 지나가는 한 나그네가 있다고 가정하자. 그런데 어디선가 독화살이 날아와 그의 가슴에 박혀 버렸다. 주변에 있던 사람들이 서둘러 독화살을 뽑으려고 하자 정작 화살을 맞은 사람은 화살을 뽑지 못하게 하였다. 그는 '이 화살은 무엇으로 만들어졌고, 누가 쏘았는가? 여자인가 남자인가? 무슨 이유로 쏘았으며, 어느 방향에서 쏘았는가? 화살의 독은 어떤 성분의 것이며, 화살의 깃은 매털인가 닭털인가? 이 모든 문제를 알기 전에는 결코 이 화살을 뽑지

왕초보, 경전박사 되다

않겠다.'라고 하였다. 자, 나그네의 목숨은 어떻게 되겠느냐?" 마룬캬풋타는 "그는 독이 온몸에 퍼져서 죽게 될 것입니다."라고 대답하였습니다.

그러자 부처님께서는 "그렇다. 그는 자신의 의문이 채 풀리기도 전에 죽고 말 것이다. 그에게 있어 가장 급선무는 무엇보다도 우선 독화살을 뽑아내는 것이다. 그처럼 이 우주가 끝이 있든 없든 종말이 오든 오지 않든 간에 가장 중요한 문제는 바로 너 자신이 이 세상에 존재하고 있다는 사실이다. 그렇다면 윤회의 세계로부터 해탈하기 위해 수행하는 것이야말로 너에게 있어 가장 급선무일 것이다."라고 결론을 내려 주십니다.

즉 사변적이고 형이상학적인 문제에만 얽매여 있는 제자를 나무라신 것이지요. 사실 독화살에 맞은 사람에게 제일 급한 것은 독화살을 뽑는 일이지 독화살의 실체를 밝히는 데 있지 않음은 너무나 자명한 사실입니다. 그러나 자명한 일인 줄 알면서도 곧바로 실천에 옮기지 못하는 것이 바로 중생들의 고통으로 연결된다는 의미일 것입니다. 《전유경》은 우리가 일상생활에서 일의 순서를 정하고 지혜롭게 살아갈 것을 일깨워 주는 경전입니다.

지장경

地藏經

　자비와 기쁨에도 종류가 있다는 것을 알고 계십니까? 하나는 받는 입장에서의 자비와 기쁨이고, 다른 하나는 주는 쪽에서의 자비와 기쁨이라고 합니다.

　그런데 받기만 하는 자비와 기쁨은 조금씩 조금씩 더 많은 것을 원하게 되고, 또한 받을 것을 기다리다 보면 어느새 괴로움으로 변해 버리기 마련입니다. 그러나 베푸는 자비와 기쁨은 그 자체가 욕심의 소멸이기 때문에 그것은 마치 퍼낼수록 맑게 고여드는 샘물처럼 정신적인 넉넉함이 생겨납니다.

이 베푸는 자비를 기꺼이 실천하고 계시는 분이 바로 지장보살이십니다. 대승불교에 출현하는 그 많은 불보살 가운데 지장보살은 관세음보살과 함께 우리에게 아주 친근한 보살이지요. 관세음보살처럼 화려한 모습은 아니시지만, 단정한 사문의 모습에다 한 손에는 석장(錫杖)을 들고 내임(來臨)하시는 그 모습이 우리들로 하여금 더욱 친밀감을 더해 주는지도 모르겠습니다.

지장보살은 모든 지옥에서 마지막 한 사람의 중생도 없게 될 때까지 자신의 성불을 뒤로 미루어 두고 오직 중생구제만을 위하여 헌신하시는 분입니다. 더구나 지장보살님은 지옥문 앞에서 중생들이 생전에 지은 죄업으로 인해 고통 받는 모습을 보고 너무나 안쓰러워서 울고 계신다고 합니다. 《지장경》은 바로 이러한 지장보살의 서원을 적어 놓은 경전입니다.

이 경전의 갖춘 경명은 《지장보살본원경(地藏菩薩本願經)》이고, 경전 자체에서 소개하고 있는 다른 이름도 세 가지가 있습니다. 《지장본원(地藏本願)》과 《지장본행(地藏本行)》 그리고 《지장본서력경(地藏本誓力經)》이 그것입니다.

위의 이름에서도 알 수 있듯이 《지장경》에는 모든 중생들을 제도하겠다는 본원과 백천만억의 위신력으로 중생들을 구원하고 있는 본행 그리고 미륵불이 출현하실 때까지 모든 중생들을 제도하겠다는 본서력 등의 의미가 자세히 설명되어 있습니다.

그러면 이 경전의 구성과 내용을 말씀드리겠습니다.

전체는 2권 13품으로 이루어져 있습니다. 서품(序品)에 해당하는 〈도리천궁신통품(忉利天宮神通品)〉에서는 문수보살이 상수가 되어 부처님께 지장보살은 어떠한 인연으로 그러한 서원을 세우게 되었는지를 묻는 과정으로 시작하여 지장보살의 본생담이 설해져 있습니다.

이렇게《지장경》은 지장보살의 서원을 시작으로 내용이 전개되는데, 특히 지장보살의 형상을 조성하거나 공양하고 예배하는 중생들은 모든 업장이 소멸되어 해탈을 얻게 된다는 것과, 영가들이 어둠 속에서 갈길을 잃지 않도록 하기 위하여 7 · 7일 즉 49일 동안 지장보살을 칭념해야 한다는 것, 지장보살의 대비원력이 모든 보살들 중에서도 가장 수승하다고 찬탄하는 내용이 인상적입니다. 그리고 마지막으로 지장보살을 예배 공양하거나 찬탄하면 28가지 공덕과 이익이 있다는 설명으로 끝을 맺고 있습니다.

왕초보, 경전박사 되다

이와 같은 내용을 지닌 《지장경》은 물질만능주의에 젖어 이것저것 가리지 않고 탐욕을 부리느라 자신이 언젠가는 내려야 할 종착역이 있다는 사실조차 잊어 버리고서 숱한 죄를 짓고 사는 우리에게 지옥이라는 종착역을 알려줌과 동시에 또한 거기서 벗어날 수 있는 방법까지도 친절히 알려 주고 있습니다.

《송고승전》 등의 자료에서 살펴보면 이러한 지장신앙은 당나라 때부터 널리 보급되어 민간신앙으로 자리잡았다고 하며, 뿐만 아니라 아미타불의 협시보살이 관음 · 세지보살인데도 불구하고 신라에서 아미타불의 좌우에 관음 · 지장의 양대보살을 모셨다는 기록이 《삼국유사》에 보이는 것으로 미루어 볼 때 우리나라에서도 일찍부터 지장신앙이 성행하였음을 짐작할 수 있습니다.

특이하게도 일본에서는 지장보살이 수자(水子) 즉 빛을 못보고 죽음을 맞이한 태아영가를 돌보아 주는 보살로 알려져 있기도 합니다.

산천초목을 무성하게 자랄 수 있게 해 주는 대지처럼 넉넉하게 베풀어 주는 후덕한 보살이라는 뜻에서 지장보살이라고 이름하였듯이, 현세의 이익뿐만 아니라 저 세상〔冥

府]의 중생까지도 구제해 주시고자 원력을 세운 보살이 바로 지장보살이시고, 《지장경》은 바로 지장보살의 서원과 공덕을 배울 수 있는 경전입니다.

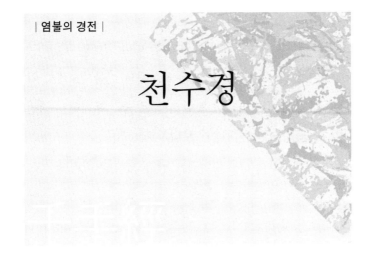

천수경

영국의 대문호 서머셋 모옴은 그가 가난한 무명작가 시절, 책을 한 권 출판했는데 광고비가 든다는 이유로 출판사 측에서 광고를 내 주지 않아 책이 잘 팔리지 않았습니다. 그러자 그는 신문에다 엉뚱하게도 구혼광고를 냈다고 합니다. 그 내용인즉 "나는 백만장자로서 결혼할 여성을 찾습니다. 내가 바라는 여성상은 최근 서머셋 모옴이 쓴 소설의 여주인공과 닮은 사람입니다. 그 소설의 주인공과 닮았다고 생각되시는 분은 곧바로 연락해 주시기 바랍니다." 물론 그의 소설은 날개 돋친 듯이 일주일만에 매진이 되었답니다.

이것이야말로 "천 가지 생각이 한 번의 실행만 못하다."
는 옛말씀 그대로입니다. 그런 의미에서 한국불교에서 가
장 폭넓게 유포되고 있고 또한 가장 깊숙이 뿌리내린 경전
인《천수경》을 한 번 독송해 보십시오.

어떠한 사찰에서나 새벽예불 때 도량석을 하거나 사시
마지를 올릴 때 그리고 천도재나 영산재 등 모든 법요식에
서 제일 먼저 독송하는 것이 바로《천수경》입니다. 사실 우
리나라 불자님치고《천수경》을 모르는 사람은 없을 겁니
다. 더구나《천수경》은 대승불교를 표방하는 한국불교에서
우리 불자님들의 신앙생활을 이끌어 가고 있는 경전이라
하여도 지나친 말은 아닐 것입니다.

《천수경》은 광본(廣本)과 약본(略本)이 있습니다. 광본
의 갖춘 경명은《천수천안관세음보살광대원만무애대비심
대다라니(千手千眼觀世音菩薩廣大圓滿無碍大悲心大陀羅
尼)》로 천수천안관세음보살은 어떤 인연으로 '천수천안관
세음보살'이 되었는지의 설명과 이 경전이 설해진 인연을
자세히 설하고 있습니다.

약본의 이름은《천수천안관자재보살광대원만무애대비

왕초보, 경전박사 되다

심대다라니》로서 다만 광본의 '관세음보살'이 '관자재보살'로 바뀌었을 뿐이고, 똑같은 보살을 가리킨다는 것은 《관음경》을 다루는 장에서 이미 설명하였으니까 그것을 참고해 주시기 바랍니다.

그리고 광본이나 약본 그 어느 쪽도 '신묘장구대다라니'가 중심이 되고, 그 전후에 관세음보살의 예찬이라든가 불자들의 올바른 신행 방법을 설하고 있습니다.

그러나 이외에도 《대정신수대장경(大正新修大藏經)》에 의하면, 신묘장구대다라니를 중심으로 천수천안 관세음보살 신앙을 고취하는 의궤와 경전류가 모두 열아홉 종류나 소개되어 있는데, 특히 구체적이고도 실제적인 수행방법을 설하고 있는 의궤는 일곱 종류이고, 관세음보살의 신앙만을 고취하고 있는 경전은 열두 종류가 있습니다. 그 가운데 《천수경》의 '신묘장구대다라니'는 7세기 중엽에 가범달마가 번역한 것입니다.

현재 우리가 사용하고 있는 《천수경》은 《신수대장경》에 실려 있는 그대로가 아니고, 대비주(大悲呪) 즉 '신묘장구대다라니'를 중심으로 하여 의식과 독송에 편리하도록 새롭게 재편집을 한 것입니다.

그런데 어떤 이는 《신수대장경》에서는 《천수경》을 '밀교부'로 분류해 놓고 있는데, 왜 현교(顯敎)를 표방하는 우리나라 사찰에서 밀교계통의 경전을 매일 독송하고 있는가? 하고 의아하게 생각할지도 모르겠습니다.

그러나 《천수경》의 핵심적 내용이 '신묘장구대다라니'이기 때문에 밀교부에다 소속시켰을 뿐이지 실은 현교의 다른 경전에서도 '다라니'와 '진언'은 쉽게 볼 수 있습니다. 예를 들면 대부분의 불자들이 누구나 다 외우고 있는 《반야심경》에서도 마지막 부분이 "아제 아제 바라아제 바라승아제 모지사바하"라는 주문으로 끝맺고 있고, 《능엄경》에서도 그 유명한 '능엄주'가 상당부분을 차지하고 있으며, 불교의식을 진행하는 데도 '다라니'와 '진언'이 염불 속에 상당히 포함되어 있습니다.

이렇게 《천수경》에 국한되지 않고 한국불교의 의식이나 신행생활에 밀교적인 요소가 생각보다 많은 비중을 차지하고 있음을 쉽게 알 수 있습니다.

《천수경》의 경명이 너무나 많이 알려져 있기 때문에 실은 그 점이 오히려 걸림돌이 되어 내용은 건성으로 지나치는 경우가 많았을 것입니다. 그래서 해제, 즉 경전의 제목

왕초보, 경전박사 되다

부터 설명해 드리도록 하겠습니다.

'천수천안관자재보살(千手千眼觀自在菩薩)' 까지는 설명이 되었고, 그 다음 '광대원만(廣大圓滿)' 은 글자 그대로 해석하면 넓고(廣) 크며(大) 모나지 않고 둥글면서(圓) 꽉 차 있다(滿)는 뜻입니다. 그리고 '무애대비심(無碍大悲心)' 에서 '무애' 는 걸림이 없다는 뜻인데, 중생을 제도하는데 누구의 눈치를 보거나 이익과 손해를 계산하지 않는 대자대비한 마음을 가리킵니다. 중생을 어여삐 여기는 마음이 너무나 크고 깊어서 인간적인 사랑이나 정을 뛰어 넘어 자비로 승화하였기 때문에 걸림이 없는 것입니다.

그렇다면 '관세음보살은 어째서 모든 중생들의 그 많은 요구와 그 많은 욕심에도 전혀 싫어하는 기색하나 없이 달려가 주실 수 있는 것일까?' 라거나 혹은 '나도 깨달음을 얻으면 저렇게 신통을 얻고 또한 저러한 무애대비심을 발휘할 수 있을까?' 라는 의문을 가질지도 모릅니다. 이러한 의문에 대한 해답이 바로 '대다라니' 이지요. 다시 말해서 '신묘장구대다라니' 입니다.

아시다시피 '다라니(dhāraṇī)' 라는 말은 신비한 힘을 가진 주문이란 뜻인데, 한역으로는 '총지(總持)' 라고 번역합니다. '총'이란 '모든 공덕이 다 포함되어 있다'는 뜻이고, '지'는 '마음에 새겨서 잊지 않는다'는 의미입니다. 그리고 모든 잘못을 사전에 미리 막아 낸다는 뜻에서 '능차(能遮)'라고도 합니다. 다시 말하면 진언과 다라니는 부처님의 위신력을 주문의 형식을 빌려서 적어 놓은 것이기 때문에 그 원음(原音) 속에 모든 공덕이 다 들어 있는 것입니다. 함축된 진리의 말씀이므로 진리 그 자체와 합일하기 위해서라도 번역하지 않고 그대로 원음을 따라 읽는 것이 바람직하다고 하여 예로부터 번역하지 않고 소리나는 대로 옮겨 《천수경》의 신묘장구대다라니도 '나모라 다나다라……'라고 읽고 있습니다.

그런데 근래에 접어들면서 학자들 중에는 다라니와 진언의 뜻풀이를 시도해 보는 경우도 없지는 않습니다. 그러나 정작 "아제 아제 바라아제……"를 뜻풀이해서 《반야심경》을 더 공경하게 되지도, 더 신심이 나지도 않았습니다. 학문적 입장에서는 뜻풀이가 필요할지 모르겠지만 적어도 신앙적 입장에서는 부처님의 거룩한 참된 말씀이려니 하며 그대로 독송하는 것이 가장 바람직하다고 생각됩니다.

광본 천수경에서도 대범천왕이 관세음보살에게 '다라

왕초보, 경전박사 되다

니'의 본질을 질문하자, 관세음보살은 다음과 같이 대답해 줍니다.

"크게 자비로운 마음이고, 평등한 마음이며, 집착이 없는 마음이고, 공(空)이라 관찰하는 마음이며, 공경하는 마음이고, 어지럽지 않는 마음이며, 위없는 보리의 마음이니, 마땅히 알지니라. 이와 같은 마음들이 곧 다라니의 본질이니라."

이는 다라니의 문자적 해석보다 오직 다라니를 외우면 이러한 마음을 지닐 수 있다는 의미일 것입니다.

여하튼 지금까지의 해제를 간추려 보면 '천 개의 손과 천 개의 눈으로 세상의 소리를 다 관찰하고 계시는 관자재보살(관세음보살)의 넓고 크고 원만하며 걸림이 없는 대자대비한 마음을 지닌 다라니경'이라는 뜻이 됩니다.

《천수경》의 주인공은 바로 '천수천안관세음보살'입니다. 왜 천 개의 손을 가지고, 천 개의 눈을 가지지 않으면 안 되었을까요? 그것은 그토록 많지 않으면 도저히 중생들의 고뇌와 고통을 감싸줄 수가 없기 때문일 것입니다.

자기 중심으로 살아가는 우리들도 때로는 더 많은 손과 눈이 있었으면 하고 생각할 때가 있는데, 자비심으로 모든 중생들을 어루만져 주시고 보살펴 주시고 이끌어 주시는 관세음보살님이야말로 두말 할 나위가 있겠습니까? 그야말로 천 개의 손과 천 개의 눈이 필요할 것입니다. 하긴 어찌 천 개의 손과 눈뿐이겠습니까? 천만억의 손과 눈으로도 오히려 부족할지도 모릅니다.

이렇게 《천수경》은 신묘장구대다라니를 중심으로 그 내용에서 관음보살을 예찬하는 게송을 비롯하여 사방을 깨끗이 하는 게송, 참회하는 게송과 진언 등이 포함되어 있고 깨달음의 마음에서 물러서지 않기를 원하는 여래의 열 가지 발원과 모든 불보살이 한결같이 일으키는 총원인 '사홍서원'으로 끝을 맺고 있습니다.

이와 같이 우리는 《천수경》을 통해서 관세음보살의 대자비심을 만나게 되고, 일상생활 속에서 어떻게 수용하고, 어떻게 베풀어야 할 것인가를 알게 될 것입니다.

그러나 부모님의 과보호 속에서는 자식들의 독립과 성장을 기대할 수 없듯이 우리도 언제까지나 관음보살의 보살핌만을 기대하지 말고, 스스로 관음보살이 되고자 다짐하고 노력할 때 비로소 진정한 관음보살의 가피를 입게 될 것이라고 생각합니다.

왕초보, 경전박사 되다

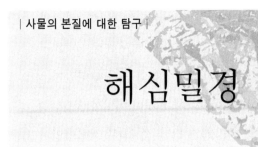

| 사물의 본질에 대한 탐구 |

해심밀경

저 유명한 아인슈타인의 어머니가 아들에게 이렇게 말했다고 합니다.

"너는 남보다 뛰어나려 하지 말고, 남과 다르게 되려고 노력해라."

여기서 말하는 '남과 다르게 된다는 것'이 도대체 무슨 뜻일까요? 생각건대 자신의 개성을 살리라는 말일 것입니다.

그러나 우리들은 남과 다르게 되는 것을 무척이나 두려워하는 경향이 있습니다. 모습이나 태도에서도 그렇지만 특히 의견에서는 그런 경향이 더욱 심하지요. 자기와 다른 의견이나 견해는 무조건 잘못이라 치부하거나 나쁘게 생각해 버립니다. 그러나 진정한 조화의 멋은 하나같이 서로가 다른 다양성 속에서 이루어지는 것이 아닐까 싶습니다.

이와 같이 《해심밀경》은 다른 경전과는 서술방법이 조금 다른 독특한 경전입니다. 다른 경전들이 그대로 평범하게 기술하고 있는 것에 반하여, 이 경전은 아비달마적인 묘사를 시도하고 있기 때문에 경전이라고 하기보다는 논서라는 느낌이 들 정도입니다. 이 경전의 본래 목적이 모든 사물의 본질과 모습을 분별하는 것이고, 따라서 부처님의 내증(內證)의 지극히 깊고 비밀스런 묘의를 해석한 경전이란 뜻을 제목에서도 읽을 수가 있듯이 말입니다.

일반적으로 유식불교의 기본문헌을 6경(經) 11론(論)이라고 말하고 있는데 《해심밀경》은 바로 이 6경 중의 하나일 뿐만 아니라 많은 유식학 논서에 두루 인용되고 있습니다. 게다가 각기 다른 이름으로 네 번씩이나 번역된 것을 보면, 이 경전의 중요성을 짐작할 수가 있습니다.

원측의 《해심밀경소(解深密經疏)》에 의하면 이 경전은 원래 광본(廣本)과 약본(略本)이 있는데 전자는 십만송 후자는 오천송으로 되어 있고, 중국에는 약본만이 전해졌다고 합니다. 따라서 현존하는 번역본들도 경제목이 다소 다르지만 내용면에서는 큰 차이가 없는 동일 계통의 범본인 것으로 추측되고 있습니다. 그 중에서도 현장법사의 5권 《해심밀경》은 가장 폭넓게 보급된 대표적인 번역본입니다.

전체적인 구성은 8품으로 되어 있지만 〈서품〉을 제외한 7품 전체가 《유가사지론(瑜伽師地論)》에 인용되고 있기 때문에 이 경전의 성립설에 이론(異論)을 제기하는 학자들도 있습니다. 그 구성을 좀더 자세히 소개하면 제2품에서 4품까지는 이론을 전개하고, 제5품은 만법의 현상을, 제6품에서는 수행의 방법을, 제7품은 수행의 계위를, 제8품은 대과(大果)에 오르는 실천적인 면을 설명하고 있습니다.

《해심밀경》은 우리가 '마음, 마음' 하는 그 마음이 왜 그리 중요한 것인지 설하는 경전입니다. 흔히 우리는 "중생들이 입으로 짓는 죄는 바다와 같이 크고, 몸으로 짓는 죄는 태산과 같이 크며, 마음으로 짓는 죄는 허공과 같이 크다."고 말합니다. 그렇다면 가장 큰 죄는 결국 마음으로 짓는 것이기 때문에 무엇보다도 마음 다스리는 공부가 우선되어야 할 것이고, 마음을 다스리기 위해서는 먼저 마음이 무엇인가를 알아야 할 것입니다. 바로 우리가 경험하고 있는 미혹의 마음이 작용하는 그 이유와 전개과정을 면밀히 관찰하여 설명하는 것이 유식사상이고, 《해심밀경》은 바로 이 유식사상을 다루기 시작한 최초의 경전인 것입니다.

먼저 유식(唯識)이라는 단어를 풀이하면 '오직 식(識)만이 있다'는 뜻이고, 이를 다시 의역하면 '세상의 일체 사물은 오직 인간의 분별 인식작용에 지나지 않는다'는 의미가 됩니다.

따라서 《해심밀경》의 내용을 간단히 요약하면, 우리가 객관적으로 무엇을 본다고 할 경우 실제로 보는 것은 객관적으로 존재하는 사물이 아니라 주관적인 마음을 볼 뿐이라는 것입니다. 즉 우리가 어떤 것을 보았을 때 그것은 오직 주관적인 인식작용으로 이해한 것일 뿐, 객관적인 사실을 보는 것은 아니라는 뜻입니다.

그런 의미에서 '배중사영(杯中蛇影)'이라는 일화는 많은 것을 시사해 주고 있습니다. 어떤 젊은이가 고향 선배를 찾아갔습니다. 식사를 끝내고 술상이 나왔는데 선배가 손수 부어 주는 술잔을 받아든 순간 후배는 깜짝 놀랐습니다. 술잔 속에 아주 작은 실뱀이 빠져 있었던 겁니다. 너무 놀

왕초보, 경전박사 되다

라서 손을 떠니까 술잔 속의 실뱀도 같이 움직였습니다. 빨리 잔을 비워달라고 재촉하는 선배의 소리를 듣고, 자신의 담력을 시험하려는 것으로 생각하고 젊은이는 두 눈을 감고 술잔을 단숨에 비웠지요. 그리고서 집으로 돌아온 후에 젊은이는 뱃속에서 뱀이 살아 점점 커지고 있다는 생각으로 구토를 하는 등 큰병이 들어 몸져 눕게 되었습니다.

그 소문을 들은 선배는 젊은이를 억지로 자신의 집으로 다시 데리고 와서 며칠 전의 그 자리에 후배를 앉히고서 다시 술상을 차리고 똑같은 술잔에 술을 부어 주면서 마시라고 권하였지요. 그랬더니 아니나 다를까 또다시 술잔에는 실뱀이 들어 있었고 이를 본 후배는 금방이라도 술잔을 던져 버릴듯이 선배를 노려보았지요. 그러자 기다렸다는 듯이 선배는 후배에게 자리를 조금만 비켜 앉아 보라고 했습니다. 그랬더니 술잔의 실뱀은 감쪽같이 없어지고 말았습니다. 어찌된 영문이냐는 표정으로 의아하게 바라보는 후배에게 선배는 웃으면서 뒷벽을 가리켰습니다. 거기에는 활이 한 자루 걸려 있었고 그 활에는 옻칠로 조그만 뱀이 그려져 있었는데 바로 그것이 술잔에 비쳐서 그렇게 보였던 것입니다. 두 사람은 함께 껄껄 웃었습니다. 그 후에 병이 썻은 듯이 나왔음은 물론이지요.

이처럼 우리는 사물을 실제로 보는 것이 아니라 주관적인 마음으로 사물을 만들고 그 마음이 만든 것에 집착하고 구속되어 살아가고 있을 뿐이라는 것이 이 경전이 전하고자 하는 내용입니다.

그리고 《해심밀경》은 불교사상의 기저를 이루고 있는 연기법에 대한 해석도 종래와는 다른 시각에서 시도하고 있습니다. 부처님의 연기법을 새롭게 해석한다는 것은 그 자체가 새로운 각도에서 불교를 이해하고 받아들이겠다는 것입니다. 연기에 대한 해석으로는 업에 의한 연기[業感緣起], 식에 의한 연기[阿賴耶緣起], 진여에 의한 연기[眞如緣起], 법계에 의한 연기[法界緣起], 지수화풍공식에 의한 연기[六大緣起] 등이 있습니다.

이 가운데 두번째 아뢰야연기가 바로 유식사상에서만 주장하는 특징으로 업감연기를 전제로 하여 독자적인 교리체계를 세운 연기설이라 할 수 있습니다. 좀더 구체적으로 설명하자면, 종래의 업감연기설에서는 업이 윤회를 만드는 주된 원인이 되는데 업이 결과를 맞이할 때까지 그 업력은 어디에 저장되어 있느냐 하는 문제는 결론을 얻지 못하였

왕초보, 경전박사 되다

습니다.

　다시 말해 누구나 할 것 없이 업을 지으면 그에 상응하는 과보를 받기 마련인데 그 과보는 사람에 따라서는 곧바로 나타나기도 하고 얼마 간의 시간이 지난 후, 또는 여러 생이 지난 뒤에 나타나기도 합니다. 그렇다면 그런 사람들에게 업력은 그 동안 어디에 어떻게 저장되어 있느냐 하는 것이 문제인데, 업감연기에서는 이에 대한 설명이 되어 있지 않습니다.

　반면 아뢰야연기에서는 제6식 이외에 업력종자의 저장식인 제8 아뢰야식을 상정하고 우리가 행하는 모든 업력들은 종자가 되어 아뢰야식 내에 저장되어 있다가 인연을 만나면 비로소 연기된다고 명확하게 설명하고 있습니다. 즉 현상세계의 일체 만물들은 아뢰야식의 종자로부터 생겨난다는 것입니다.

　그리고 《해심밀경》에는 우리들이 사물을 보고 느끼는 모습을 설명한 삼성(三性)설도 나오고 있는데, 전문적인 내용이라서 어렵게 생각될지 모르겠으나 비유로써 설명하고 있기 때문에 이해가 그다지 어렵지만은 않을 것입니다.

　첫째 변계소집성(遍計所執性)이란, 사람들이 머리로 분

별심을 일으켜 사물에 이름을 붙이고 그 이름을 가진 사물을 어떤 고유의 특징을 지닌 실체처럼 착각하는 상태를 뜻하고, 둘째 의타기성(依他起性)은 상대적인 것에 의존해서 일어나는 즉 인연관계를 말합니다. 셋째 원성실성(圓成實性)은 사물과 존재의 실상이 공(空)한 상태의 모습 그 자체가 그대로 드러나는 것을 말합니다.

이에 대한 비유를 소개하면 깜깜한 밤길을 가다가 길바닥의 뱀을 밟고 깜짝 놀랐습니다(변계소집성). 그러나 용기를 내서 자세히 살펴보니까 그것은 뱀이 아니라 새끼줄을 밟은 것이었습니다(의타기성). 그런데 그 새끼줄도 실은 마(痲·삼실)로 만들어진 것(원성실성)이었습니다. 여기서 더 나아가면 삼실도 처음부터 삼실이 아니라 원자의 모임에 불과하고, 원자 또한 양성자와 중성자로 이루어져 있으며, 양성자는 다시 무수한 소립자들의 운동, 즉 에너지일 뿐이지요. 따라서 사물 그 자체라고 할 만한 고유하고 고정된 자성(自性)이라고는 어느 곳에서도 찾을 수가 없습니다.

이렇게 《해심밀경》은 삼성설을 통해 사물의 진실한 모습에는 항상 존재하는 실체적인 주체가 없음을 설하는 동시에 우리들에게 사물의 공(空)함을 똑바로 보고 올바르게

왕초보, 경전박사 되다

판단하라고 각성시키고 있습니다.

또한 《해심밀경》의 제7품에서는 앞서의 아뢰야연기와 삼성설의 실천덕목으로 육바라밀이 아닌 십바라밀을 제시하고 있는데, 육바라밀 외에 방편(方便)·원(願)·력(力)·지(智)바라밀이 그것입니다. 먼저 '방편(方便)바라밀'은 육바라밀의 보시·지계·인욕과 짝을 짓는데 그것은 보시·지계·인욕바라밀이 중생을 여러 가지 방법으로 교화하여 구제하는 선교방편이기 때문입니다. '원(願)바라밀'을 정진과 짝을 짓는 것은 목표를 향해 노력해 나가야 하기 때문이고, '력(力)바라밀'을 선정과 짝을 짓는 것은 집중하기 위해서는 힘이 필요하기 때문이며, '지(智)바라밀'은 지혜바라밀과 짝이 되는데 그것은 세간을 벗어나는 반야를 일으키기 위해서라고 설하고 있습니다.

이와 같이 《해심밀경》은 존재하는 모든 사물이 오직 인간의 분별작용에 지나지 않음을 깨우쳐 주고자 십바라밀을 제시함으로써 마음을 찾는 이들로 하여금 먼저 이러한 덕목을 실천할 것을 권하고 있는 경전입니다.

화엄경

華嚴經

　　대승경전의 꽃이라고 하는 《화엄경》은 반야계 경전과는 불가분의 관계가 있습니다. 그 이유는 예로부터 '반야는 공관(空觀)의 시작이요, 화엄은 공관의 끝'이라고 일컬어지고 있기 때문입니다. 그 의미에서 시작과 끝은 맥을 같이 하고 있기 때문에 더욱 그렇습니다.

　　《화엄경》의 갖춘 이름은 《대방광불화엄경》으로서 이 이름 자체가 경전 전체의 대의를 잘 나타내고 있기 때문에 그 뜻풀이부터 말씀드리겠습니다.

　　먼저 '대(大)'라고 하는 것은 크다는 뜻인데 단순히 작다고 하는 소(小)에 대한 상대적인 의미가 아니라 절대적인 '대'로서 그 무엇과도 비교할 수 없다는 의미의 극대(極大)를 의미합니다. 이어서 '방(方)'이란 방정하다·바르다는 뜻이고, '광(廣)'은 넓다는 의미이니까 합하여 '대방광' 하면 시공(時空)을 초월한다는 뜻이 되고, 거기에 불(佛)을 붙여 '대방광불' 하면 시·공을 초월한 부처님이라는 뜻이 됩니다.

그 다음 '화엄'의 원어는 간다비유하(Gaṇḍavyūha)인데 즉 여러 가지 꽃으로 장엄하고 꾸민다는 의미입니다. 다시 말하면 '화'는 깨달음의 원인으로서의 수행에 비유한 것이고, '엄'은 수행의 결과로서 부처님을 아름답게 장엄하는 것, 즉 보살이 수행의 꽃으로써 부처님을 장엄한다는 의미이지요. 그러나 이때 중요한 것은 아름답고 향기로운 꽃들만을 뽑아서 장엄하는 것이 아니라 길가에 무심히 피어 있는 이름 모를 잡초들까지도 모두 다 포함된다는 점입니다. 그렇기 때문에 《화엄경》을 일명 《잡화경(雜華經)》이라고 부르는 이유도 바로 여기에 있습니다.

이러한 《화엄경》의 산스크리트 원본은 산실되어 버리고 단지 〈십지품(十地品)〉과 〈입법계품(入法界品)〉만이 현존하고 있는데, 한역은 두 가지의 대본(大本), 즉 불타발타라와 실차난타의 번역본이 있습니다. 전자는 번역된 권 수가 60권이기 때문에 《60화엄》이라고도 하고 또한 번역한 시대가 동진(東晋)이므로 《진경(晋經)》, 현장 이전의 번역이므로 《구역(舊譯)》이라 부르는 반면, 후자는 권 수가 80권이라서 《80화엄》 또한 당나라 때의 번역이기 때문에 《당경(唐經)》, 현장 이후의 번역이므로 《신역(新譯)》이라 부르고 있습니다. 그 외에도 반야가 번역한 《40화엄》이 있으나 이것은 대본(大本)의 〈입법계품〉에 해당하는 부분적인 번역입니다.

그리고 9세기 말에 번역된 티베트본인 《서장화엄경(西藏華嚴經)》도 현존하고 있습니다. 이렇게 판본이 몇 가지나 되다 보니 자연히 구성 조직도 조금씩 틀리는데, 즉 《60화엄》은 칠처팔회(七處八會 : 일곱 장소에서 여덟 번의 법회) 34품으로 구성되어 있고, 《80화엄》은 칠처구회(七處九會 : 일곱 장소에서 아홉 번의 법회) 39품으로 이루어져 있습니다. 그리고 경우에 따라서는 크게 삼분(三分)하여 지상편(地上篇), 천상편(天上篇), 지상회귀편(地上回歸篇)으로 나누기도 합니다.

왕초보, 경전박사 되다

《화엄경》은 처음부터 현재와 같이 방대한 체제로 만들어진 경전이 아니라 사상을 같이 하는 여러 가지 단독 경전을 모아 집대성한 것입니다. 그 시기는 대체로 4세기경으로 보고 있고 장소로는 서역의 우전국(于闐國 : 현재 중앙아시아 지역)이었을 것으로 추정하고 있습니다.

이와 같이《화엄경》은 많은 분량으로 이루어져 있는 만큼 그 심오한 내용을 한두 페이지에 설명한다는 것은 정말 '장님 코끼리 만지기'가 될 것 같아 걱정스럽습니다.

《화엄경》은 보통 부처님의 자내증(自內證)의 세계, 즉 깨달음의 세계를 그대로 묘사한 것이기 때문에 처음에는 사리불이나 목건련과 같은 훌륭한 제자들도 벙어리와 귀머거리처럼 그 내용을 알아듣지 못했다고 전하고 있습니다. 다시 말하면 그만큼 이해하기가 어려웠다는 얘기일 겁니다.

그러나 한 방울의 거품을 보고서 바다 전체를 보았다고 한다거나 반대로 바닷물을 다 마신 후에야 그 맛을 알겠다고 한다면 이 또한 어리석은 사람이라 하지 않을 수 없습니다. 그와 같이 경전의 한 구절 한 구절의 낱말에 구애받지 마시고 좀더 사실적이고 현실적으로《화엄경》전체를 하나의 대서사시나 대드라마로 이해한다면 보다 친근감이 있는 경전으로 받아들일 수 있을 겁니다.

그러면《화엄경》의 핵심적인 사상 몇 가지를 말씀드리기로 하겠습니다.

《화엄경》의 중심사상은 한 마디로 실천적 보살행이라고 할 수 있겠습니다. 특히 〈십지품〉에서 보살의 수행이 진행됨에 따라 마음이 향상되어 가는 과정을 환희지(歡喜地)로부터 법운지(法雲地)에 이르기까지 열 단계로 나누어서 설명하고 있습니다. 그러나 다소 추상적인 감이 없지 않은 데 비하여 〈입법계품〉에서는 아주 구체적으로 친근감이 있게 잘 묘사하고 있습니다. 그리고 진리의 세계인 '법계(法界)에 들어간다(入)'는 의미로서의 〈입법계품〉은《화엄경》의 마지막을 장식하는 부분인 동시에 경전 전체의 삼분의 일을 차지하는 중요한 내용을 담고 있습니다. 그래서 유럽 종교문학의 걸작이라고 하는《천로역정(天路歷程)》에 비유되기도 합니다.

그 내용을 살펴보면 '선재동자'라는 젊은 구도자를 등장시켜서 차례차례로 53인의 선지식들을 찾아가서 가르침을 받고 결국 깨달음을 얻는 구도담(求道談)입니다. 이러한 선재의 구도과정을 통해 끊임없는 노력, 즉 정진(精進)이

　　　　　　　　　　　　왕초보, 경전박사 되다

바로 불교임을 강조하고 있습니다. 특히 여기서 주목해야 할 점은 선재동자가 가르침을 받고자 찾아가는 선지식, 즉 선재가 스승으로 삼는 대상은 지위와 신분 그리고 성별에서도 전혀 차별이 없다는 점입니다. 예를 들면 보살이나 비구·비구니를 비롯해서 국왕이 등장하는가 하면 외도(外道)와 바라문 그리고 상인과 어부, 심지어는 창녀까지도 있습니다.

여기서 우리는 다른 경전에서는 찾아볼 수 없는 어떤 신선한 충격을 받게 되는데 그것은 대승적인 평등사상의 발로이기도 하지만 무엇보다도 가르치는 스승과 가르침을 받는 사람이 결코 둘이 아니라는 것을 강조하고 있기 때문입니다.

다시 말하면 앞서 언급하였듯이 《화엄경》을 일명 《잡화경(雜華經)》이라고 부르는 이유, 잡화 즉 여러 가지 꽃으로 부처님을 장엄할 때 그 여러 가지 꽃 중에는 누구나 다 알고 있는 꽃은 물론이거니와 이름 모를 풀꽃까지도 포함되어 있듯이 일체중생이 모두 나의 스승이 될 수 있다는 뜻을 내재하고 있습니다. 바로 내가 만나는 모든 사람들이 다 부처님이라는 의미가 됩니다.

왜냐하면 좋은 의미에서든 나쁜 의미에서든 우리는 상대가 있음으로써 거기서 배울 것을 얻고 있기 때문이지요. 그것은 마치 산에 흐드러지게 피어 있는 이름 모를 풀들도 우리가 무심히 지나치면 잡초에 지나지 않지만 한의사들 눈으로 보면 모두가 약초로 보일 것입니다. 이와 같은 맥락에서 똑같은 풀이라도 잡초로 볼 때는 잡초일 뿐이지만 약초로 볼 때는 모든 풀이 약초가 되듯이 내가 상대를 선지식으로 볼 때 상대방도 역시 나를 선지식으로 대해 줄 것입니다. 물론 이렇게 되기까지에는 수행이 필요하고 또한 그 수행과정을 하나하나 쌓아간다는 것이 결코 쉬운 일은 아닙니다.

《화엄경》은 이 문제를 '초발심시변성정각(初發心是便成正覺 : 처음 발심했을 때 바로 깨달음을 이룬다)'이라는 논리로 간단히 설명해 주고 있습니다. 보통 시작이 반이라는 얘기가 있지만 그보다 더욱 진전하여 '처음이 바로 끝이다'라는 논리라고나 할까요. 예를 들면, 우리 불자님들이 절에 갈려고 마음을 일으킨 바로 그 순간 이미 각자의 발원은 성취되었다는 의미일 것입니다.

그리고 《화엄경》에서는 중중무진(重重無盡)한 연기의

왕초보, 경전박사 되다

세계도 설명하고 있습니다. 즉 현상적으로 보면 개개의 사물들이 서로 아무런 연관도 없는 개체처럼 보이지만 사실은 서로 상관관계에 놓여 있다는 설명입니다. 마치 바다의 섬들이 겉으로 보기에는 서로 떨어져 보이지만 바다 밑으로 보면 모두가 하나로 연결되어 있는 것과 같다고나 할까요. 이것을 《화엄경》에서는 인다라망(因陀羅網)에 비유하여 설명하고 있는데 소위 일즉다다즉일(一卽多多卽一)이라고도 표현하는 사상입니다.

다시 말하면 이름 모를 풀 한 포기에서 우주 전체의 모습을 보고 그 풀잎에 맺혀 있는 한 방울의 작은 이슬에서 온 중생의 아픔을 느끼는 원리라 하겠습니다.

그런데 이러한 사상은 경전에만 국한되고 있는 이론이 아니라 현대물리학에서도 충분히 증명이 되고 있어 더욱 공감이 갑니다. 예를 들면 우리 몸의 세포 하나 하나에는 우리 몸을 복제할 수 있는 모든 정보가 다 들어 있기 때문에 적어도 원리적으로는 세포 하나만 있으면 우리 몸 전체를 다시 만들어 낼 수 있다고 합니다. 즉 세포 하나를 통해 몸 전체의 정보를 알 수 있다는 것은 바로 일즉일체(一卽一切)의 원리가 그대로 적용된 셈이지요. 이를 사회생활 속에 적용시켜 보면 우리는 서로가 연관 관계에 있을 뿐만 아니라 모두가 소중하게 생각하여야 할 존재라는 것입니다. 이러한 것들이 모두 화엄사상의 기본 입장을 말해주는 것이라 하겠습니다.

계환스님

운문사 불교전문강원 대교과 졸업. 일본 하나조노대학 불교학과 졸업. 교토 붓교대학 석·박사과정 수료. 문학박사. 현재 동국대학교 불교학과 교수.《중국불교사》《일본불교사》《화엄사상사》《홍명집》《중국화엄사상사연구》《백팔고개넘어부처되기》《대승불교의 세계》《상식으로 만나는 불교》등의 역·저서가 있다.

왕초보, 경전박사 되다

초판 1쇄 발행 │ 2008년 4월 25일
초판 2쇄 발행 │ 2009년 3월 25일

글쓴이 │ 계환 스님
펴낸이 │ 윤재승
펴낸곳 │ 민족사

책임편집 │ 김창현
영업관리 │ 성재영 윤선미
본문 및 표지디자인 │ 김형조

등록 │ 1980년 5월 9일(등록 제1-149호)
주소 │ 서울시 종로구 수송동 58번지 두산위브파빌리온 1131호
전화 │ 02)732-2403~4
팩스 │ 02)739-7565
E-mail │ minjoksa@chol.com
홈페이지 │ minjoksa.org

ⓒ 2008 계환

ISBN 978-89-7009-417-5 03220

민족사 왕초보 시리즈